只有你能允許自己快樂

米鹿 DeerDeer／著

作者序——

成為光之後，找到更好的自己

你好，謝謝翻開這本書的你，我是米鹿，這是我的第二本書。

我是一位 YouTuber，小時候聽很多周杰倫和五月天的音樂，喜歡看歌詞，享受文字與音樂的共振。對於歌曲能跨越時間空間並擊中我心中情感的經歷，甚是著迷，因此嚮往成為作詞人。大學畢業後，誤打誤撞開始寫音樂專欄，成為描寫音樂與歌手創作理念的人。二十七歲時成為 YouTuber，人生轉了個彎，頻道卻不談音樂只談感情。直到這裡我才發覺，**原來自己真**

正著迷的，是人類的情感如何發生、傳遞與表達的過程。我的頻道主旨是「陪你練習愛與被愛」，以探討自我追尋、感情議題、兩性關係為主，

別人問我這本書的內容是什麼，通常我會這麼回答：「很像學生時期下課後回家要寫的參考書，裡面有一大堆題目，只是這些題目無關學科，著重的是感情、愛情、關係，你與別人的關係與你自己的關係。」

原先打算帥氣的做一整本只有各式各樣習題（選擇題、是非題、圓餅圖、刪除排列等）的書，但後來被出版社阻止，希望書中還是能加入我的想法或過去的經驗，所以後來有了這樣的呈現。起初，這本書的內容只打算鎖定於感情，也就是認識自己的情感需求，想要什麼樣的伴侶、婚姻、對象，釐清心中最期待和渴望的相處模式等。寫著寫著，卻發覺如果想深入探討這個問題，必定要先往更深一層進行自我挖掘與探索。比方，**若希望理解兩人相處，該如何變得更快樂之前，得先確定當自己一人獨處時，能否快**

樂、怎麼快樂、是否快樂。

原本打算在別人身上找答案，最後卻發現多數答案都在自己身上。

我的觀念或建議不一定是正確的，但希望透過思考問題與整理思緒的過程，讓大家產生一些全新的想法，不論是肯定我還是否定我，都是很棒的體驗；若你對我丟出的問題有所回應，那麼我也能從你的回答裡，聽見你的故事、聽見你對愛情的想法、自我的覺察。書中數百個題目有淺有深，從：「一到一〇分，戀愛對你而言在生命中的重要性？」、到「承諾對你而言的意義是什麼？」從戀愛對象的選擇、戀愛觀念的探討，到討論承諾、婚姻、家庭，再到夢想、自我與分離。有些關於另一半，有些關於自己。畢竟要搞懂另一個人前，最該優先弄懂的，永遠是自己。

《只有你能允許自己快樂》的靈感，來自我二〇二三年開始經營的線上群組：「一路戀習」。社群裡會不定期發布關於戀愛的題目，邀請群組內的網友們互動回答，並分享自己的想法。一連做了一百多題，也就是這本書的前身。但總覺得用短短的訊息，無法完整表達我的想法，若沒有適度的前文引導和說明，突然要別人回答「婚姻跟戀愛，對你而言是同一件事嗎？」難度又非常高。所以還是要感謝悅知文化與編輯 Erin 與身邊眾多不吝分享故事的好朋友們，協助我完成了這樣一本特別的書。

書中內容也算是我的頻道延伸，但更超越了網路影音的限制，得以用最完整的方式呈現尋找愛的過程，並且邀請你一同書寫，寫下自己的想法。因此，每一本《只有你能允許自己快樂》，最後都是獨一無二的，裡面不只有我的戀愛觀，還有你的。在此，**邀請你在書上自由寫下自己的想法，又或是準備一本專屬筆記本記錄所有的回答，都是很棒的方式。**

這是一本能幫助你**釐清什麼是愛，也釐清自我的書**，我是這樣希望著。

最後，我為這本書開設了專屬的線上討論 Line 群組，如果你想在裡面找到其他「戀習生」與你一起戀習，分享彼此戀習路上的想法，歡迎加入。

陪你練習愛與被愛。陪你找到屬於自己的答案。

米鹿

ps. 若你想分享寫下的答案，歡迎將書中的解鎖練習拍下，上傳 IG 並 tag 我（@deerdeer_milu）。

目錄

CHAPTER 1

你知道自己想要什麼樣的愛嗎

CHAPTER 2

從約會開始，找到命定的他

CHAPTER 3

相愛過程中，才發現的大小事

CHAPTER 4

解開關係的結，允許自己快樂

CHAPTER 5

在愛之前，必須先理解自己，才有我們

那些網路上教的擇偶方式，適合嗎？

伴侶的核心價值觀，是否符合自己未來的人生方向，才是需要反覆思考的重點。

你的擇偶條件都寫些什麼？網路上大家互相流傳的寫法是否適合你呢？

「身高一七五公分以上。」

「外表看起來順眼，要孝順父母。」

「希望是願意溝通、對彼此坦誠的人。」

這項清單，若永無止盡地寫下去，洋洋灑灑地寫個三十條都不成問題。但這樣的標準，好像換一個人來套用也可以。我曾看過許多兩性書籍與各個專家的說法，都建議「擇偶條件」其實不應該超過三項。一旦數量變多了，會限制一切發展的可能性。同時，也代表你其實沒想清楚自己的核心需求是什麼。反過來說，這幾條寶貴的條件，根本不該用來描述你認為「百分之一百」的完美對象。因為當這樣的對象出現時，飛撲過去都來不及了，還需要嚴格比對是否有符合條件嗎？

所以我認為，真正該寫的是那些最難處理與面對的「五十、五十」狀況。對方好像沒有不好，但又好像不知道哪裡好的時候，心裡面是否有幾條「愛情皇家守則」可以遵守，不會因為一時的戀愛腦，弄亂自己的步調。

首先，打開原本的擇偶清單，如果你寫了：

「不抽菸、不酗酒。」

「長相要白白帥帥、乾乾淨淨的。」

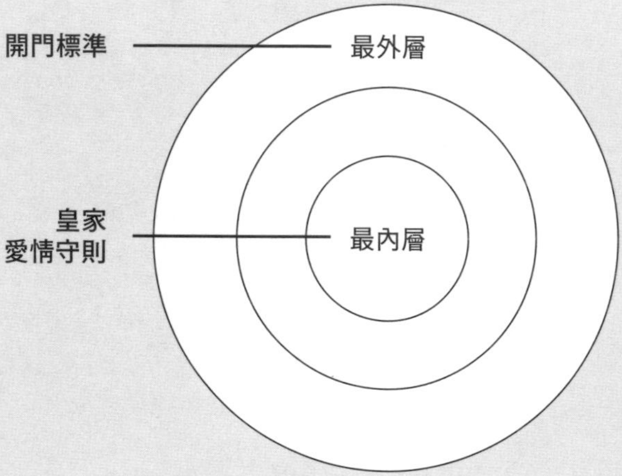

「穿著打扮不可以太邋遢。」

類似這樣的內容請先全部劃掉，打上大大的叉。一個人的外表如果沒有符合你的基本條件，要多看他一眼都很難，根本就稱不上是你的「擇偶條件」，這只是「開門標準」。舉例來說，若對方沒到達這個標準，連家門口都不會讓他進來，更別提讓他進到房間，或坐在你的床上。

如果用一張圖來表示，大概可以畫成這樣子。上面那張圖，有點像日本動漫《進擊的巨人》。共有三道牆，越往內層越難進入。最外面這層是「開門標準」，如前面所提，外圈的人外貌沒過關，根本不會有進場的機會，多數人花太多時間去描述理想對象的外貌條件，而沒注意到對方的內在或價值觀是什麼。

再來，聊完最外層的「開門標準」後，檢視看看最裡面這圈，我稱它為「愛情皇家守則」，**是你個人不可逆的核心價值，關於你的理念、價值觀、金錢觀、家庭觀、人生方向等，像是專屬的皇家護衛隊，而你就是皇后。**那麼，屬於你的「皇家愛情守則」是什麼呢？

要立刻想到可能有些困難，我詢問了幾個已經有想法的朋友，提供了以下的回答，也許可以當作參考。

「婚後自己住，我要生兩個。」

「孝順，但不要盲目的孝順。」

「有理想目標而且不只講講，是努力實踐。」

「聰明但不要討人厭。」

「要會成長，非原地踏步。」

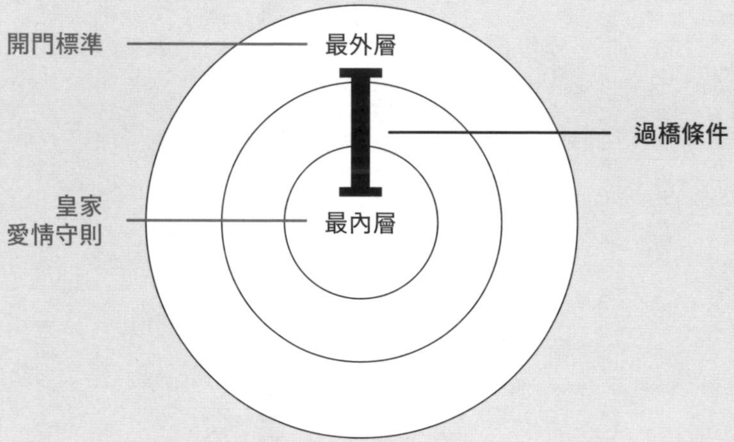

一旦建立了關於「三觀、理念」等想法，會發現大家就不談論外在條件了，而會專注於對象的內在想法與核心觀念是否和自己一致。是否能符合自己未來的生活軌跡或人生方向，才是需要反覆思考的重點。

但從外表到三觀之間，好像又缺少了些什麼？只看外表很膚淺，但突然跨到「皇家愛情守則」好像又太過嚴肅。所以，我發現這個圖應該要修正一下。

在最外層與最內層之間，中間其實少

了一座橋。這是一座很關鍵的橋梁，它的設計非常主觀，有時候又有點不可理喻。就是某些條件，如果你的對象沒有，就會覺得哪裡怪怪的不能接受，即使這個人長得再帥、再美，就是無法更進一步交往。這條就是「過橋條件」。

對我而言，對象的娛樂品味好不好十分關鍵，也就是她的娛樂是否包含了學習成分。閱讀、飲食、音樂或電影，其中至少要有兩項與我相符，才有辦法進入下一個相處階段。而這四項要素當中，音樂對我來說特別重要。對方不一定要熱愛音樂，但希望她能理解為什麼我喜歡聽音樂，能和我一起沉浸在音樂的美妙裡。當我聽到一首喜歡的歌、一段喜歡的歌詞，卻無法和最愛的人分享，對方無法產生共感，是一件令我痛苦萬分的事。

同樣的，我詢問了很有個人想法的朋友們，列出的過橋條件如下：

「熱戀期一週要愛愛三次。」

「即使天氣很熱，也要能一起吃火鍋。」

「不能欺騙我，一次都不可以。」

「願意讓我看手機。」

「講話聲音好聽，我喜歡。」

就是這種其他人不一定在乎，但你卻特別在乎的癥結點，勇敢的列出來。

這條沒通過，等於橋始終走不過一樣。就像考汽車駕照時，筆試沒通過，路考分數再高也沒有用。娛樂品味不好，就算這個人再聰明、有想法、再努力，我可能還是無法與她朝夕相處，光是想到就覺得頭好痛。

如果下次再被問到擇偶標準是什麼，**記得設計一些當對方已經符合「開門標準」，卻又覺得少了些什麼，讓你陷入進退兩難時，能當機立斷的「過橋條件」**。

這篇文章的想法，是在書稿即將完成時的靈光乍現，和編輯討論後，覺得很適合放在前面作為開場白，或許它就像是一道開胃菜、一種釐清、一種設定，如同這本書想帶給大家的。希望在接下來的每個篇章裡，都能更清楚知道，自己真正期望的戀愛關係和對象特質是什麼。在讀完本書之後，你可以再回到這裡，看看「開門標準」、「過橋條件」、「愛情皇家守則」是否有更加明確或更不一樣了？

接下來，在掌握這些基本原則之後，將繼續進入下一個階段，試著在愛的世界裡探索自己內心深處的想法。

自我解鎖練習

Q1 ／ 寫下三條你的開門標準。

....

....

....

....

Q2 ／ 寫下三條你的愛情皇家守則。

....

....

....

....

Q3 ／ 如果這個人＿＿＿＿＿＿，我絕對不會跟他在一起。

....

Q4 ／ 寫下一位朋友的名字，問問他這幾條標準與守則，他會寫什麼？

....

....

Q5 ／ 這個篩選機制，有幫助你更加理解自己的擇偶方式嗎？

....

YES / NO

....

Be true to yourself.

CHAPTER 1

你知道自己想要什麼樣的愛嗎？

Question

在關係互動中，一定要有底線嗎？

YES / NO

01

愛是需要、想要、還是必要？

愛一個人，到底是愛他的個性還是愛著他對你的陪伴？

談戀愛是為了什麼？是想要有人陪還是真心愛著對方？是為了找到身體、心理、靈魂都契合的另一半，還是只為了符合自我的某種需求？你心中的「喜歡對方」或「愛對方」，也許只是認為對方有符合基本標準，高於六〇分就能先忽視那些不合拍的點，試試看？或者，一定要高於八〇分以上才願意交往？

隨著年紀漸長、戀愛經驗的增加，是否也會懷疑自己所定義的喜歡，到底是什麼？如果堅持要找到各方面都適合的人，只要相處過程中發生一點摩擦，就覺得「沒那麼適合」，便準備放棄？或你選擇相信兩個人相處，就應接受雙方得經歷互相配合、慢慢調整的磨合，才是找到愛的方式。如果你更贊同後面的情況，那麼，關於選擇另一半，你需要的特質便是「懂得調整相處模式的人」。

你知道什麼是「典型缺愛者」嗎？

某天，朋友傳了一則抖音格式的影片過來，起初我根本不想點開，但一點進去，還真的被某幾個字句給打中。影片中說：「你好像很多愛，但似乎又誰都不愛？一有人陪在身邊，你就愛他，當他走了、下一個人來了，你又可以馬上讓他填補你的悲傷？你只是想被愛而已。」這段話讓我想起陳奕迅的一首歌《愛情轉移》，裡頭有一句歌詞寫著：「把一個人的溫暖，轉移到另一個的胸膛，讓上次犯的錯反省出夢想。」

是啊，我可能缺愛，但我做不到接受無差別的填補。我想帶著身上的每一個故事，走向內心期望的終點。

我並非誰都喜歡，也並非誰陪著我就喜歡。有人問過我：「到底是喜歡這個人？還是從某種特定喜歡的類型裡，挑一個最喜歡的，叫做喜歡呢？」可能我還沒遇見真愛，沒辦法準確地回答這個問題。但在遇到命中注定的那個人之前，我們該想盡辦法釐清自己到底需要什麼，增加自己能辨識出「那個人」的機率與可能。**想要愛卻不盡最大努力**，總是枯等著「那個人」從天上掉下來，這我辦不到。

也曾有人回答我說：「**眞正愛一個人，是不會在意對方對你好或壞的，即使對方沒有陪在你身邊，你就是會喜歡他、會愛他，因爲你是單純的喜歡這個人。**」

愛一個人，到底是愛他的個性還是愛著他對你的陪伴？這些都是愛。愛可以有無數種、無數條的定義，也可以只有一條，即使隨時變動，也再自然不過。記得迪士尼電影《天外奇蹟》中的老伯伯嗎？他很愛他的老婆，但在老婆去世之後，老伯伯也鼓起勇氣出門約會了，出門約會的他，對老婆的愛就消失了嗎？如果老伯伯後續愛上了約會對象，也不算愛嗎？（ps. 這是其續作短片中的劇情。）

也許你心中對愛有明確定義，又或許你對愛沒有那麼多複雜的定義，無論如何，都沒關係。這就是我想寫下這本書、製作這本書的原因。當你感到迷惘時，希望本書能幫你重整混亂的想法，在每個不同階段重新定義心中所期望「愛的模樣」，不論「愛」是需要、想要、還是必要。

自我解鎖練習

Q1／ 此刻對你而言，戀愛是： **需要 / 想要 / 必要**

Q2／ 對方在你心中分數高於幾分，你會願意交往？

1 2 3 4 5 6 7 8 9 10

Q3／ 你認為自己對愛的定義是？ **變動的 / 固定的**

Q4／ 請完成這個句子：真正愛一個人是＿＿＿＿＿＿＿＿？

Q5／ 試著描述你現在對愛的期待是什麼？

Be true to yourself.

02

遇見真愛的前提：首先你得願意認識人

把握當下的每一刻，任何短暫的緣分都可能是遇見眞愛的契機。

「想認識新對象，必須先認識新朋友」聽起來雖然很像廢話，卻時常被許多渴望脫離單身的朋友們忽略。當我提出這個建議後，最常收到的回饋是：「每天的時間都被工作占據了，哪有多餘時間交朋友？」、「交新朋友好累，可以不要嗎？」、「蛤？我不太適合去那種地方啦，下次。」下次、下次，談戀愛也就跟著下次了。

「找到對象」就像一種漏斗機制，最後能成為你萬中選一的那個人，必定是先通過層層關卡後，才終於抵達心裡最深處。也因此，遇到真愛有一個前提：「至少你願意去多認識人。」**若總是習慣將自己關起來，拒絕認識任何新朋友，就算是眞愛出現在眼前，也很難與你展開第一次接觸。**

如偶像劇般在街上不期而遇、不小心把咖啡撞倒在身上，一見鍾情的劇本，發生機率非常低。也許真的有萬分之一的可能，但即使遇上了，也得願意和對方講話，總不能灑完咖啡後說聲沒關係就離開。心若沒有打開，有再多緣分也進不來。我們每天都會遇到不同的人，而自己可以和其中的任何人產生連結，這件事本身就很不可思議。

今天翻開這本書之前或在上班的途中，曾遇到哪些人？雖然不一定有和他們產生互動或攀談，但如果透過幾句閒聊或十分鐘的短暫相處，就有機會成為朋友，是多麼奇妙的事。靜下心來想想，才發現這些珍貴的緣分其實距離不遠。藉由朋友牽線，帶你認識另一位好朋友，這樣的經歷人人都有過。**當潛在的緣分展開時，你會遇見多少獨一無二又有趣的靈魂，與發展無數的可能性呢？**

若你認為自己不擅長主動和他人交際，不妨回想是什麼樣的原因與巧合，讓你和身邊的人成為朋友？什麼樣的機緣下，使你願意和他們多聊幾句？一起試著敞開自己的心防吧！

自我解鎖練習

Q1 ／ 最近認識的新朋友是＿＿＿＿＿＿＿＿＿＿＿＿＿＿＿＿

Q2 ／ 寫下你和他認識的過程或原因。

Q3 ／ 和不太熟的朋友聊天時，聊什麼會讓你感到最自在？

Q4 ／ 你認為自己在什麼樣的場合中，最容易認識新朋友？

Q5 ／ 寫下幾位你想進一步認識的人。

Be true to yourself.

03

深刻的愛，是把自己當下的靈魂，交給另一個人

從記憶裡獲得需要的力量，
讓你重新記起那些早以爲在自己身上失去的初衷。

幻想一件很浪漫的事，若再次遇見初戀對象，能一起吃頓午餐，你會想和他聊些什麼？

我的初戀發生在高中，對方在大學畢業後去美國唸書、工作，十幾年的時間不在臺灣。中間沒什麼聯絡，一直以為她已在美國結婚定居。前陣子，

偶然發現她回臺灣了，並且是單身的狀態。想了幾天，訊息寫了又刪，最後還是問了一句：「妳回臺灣了嗎？一起吃午餐？」

訊息送出去的瞬間，也不知道自己在忐忑什麼，彷彿被抓回十七歲的青春一樣，早已遺忘的事身體卻幫你記得。記憶重疊，眼前的iPhone似乎變成了黑白螢幕的PHS，我傳的是文字簡訊，上限是一六〇個字，不是能傳遞各種影像的IG訊息。

經過一天後，我收到回覆：「好。」

見面前兩人也沒多聊，就這樣到了約定的日子。我先到達餐廳，在門口等著，不敢進去，怕不小心錯過待會來的那個人，沒認出來。

十幾分鐘後，她遠遠走來，毫無遲疑，一眼就認出她，依舊是記憶中的模樣。每個人走路都會有一種特有的節奏和姿態，無法言喻，但一看見就知道，依然是那個她。

我說：「蠻好的，妳沒變醜，而我也沒變胖。我們還認得出來彼此長得是什麼樣子。」

她和我分享這些年在美國工作的經歷，也不免俗的交換地這些年彼此的戀愛經驗。翻開菜單，她點了杯啤酒。

我：「妳以前不是不太喝酒的嗎？」

她：「這些年開始喜歡喝IPA。」

她講話的語調有點不太一樣，帶點ABC的美國腔，特別是ㄣ的尾音會飄掉。她很多肢體的小動作，總覺得我都記得。若把眼前的時間，如電影一樣切成每秒二十四幀的話。第一幀她笑了，我大概就知道第二十四幀她要用左手去撥瀏海。甚至，連她的眼睫毛，都掉在和以前差不多的位置，靠近眼下的那個地方。

「妳記得我以前對妳做過什麼白目的事嗎？」

「蛤？我忘記了，什麼事？」

「我們在一起後，有一次妳問我還有沒有喜歡其他女生，我說有。」

「我不記得耶！為什麼！」

就這樣，聊了一些以前發生過的青澀誤會。那時我也不懂得什麼叫戀愛，什麼能講什麼不能講。解釋完之後，她接著問我，還有什麼好笑的事嗎？

我沒有回答，轉身從袋子裡默默把我的第一本書拿出來。

「妳自己看，裡面有寫。」

「你寫了什麼啦！」她好奇的把書拿了過去。

「還記得我以前喜歡看書嗎？」

「記得啊，你喜歡村上春樹。」

不知道為什麼，聽到這句話眼淚差點要噴出來。是啊，有一段時間我很喜歡看村上春樹，已經好久沒看，新書的消息也不像從前那麼關注了。曾經那麼希望有人能和我討論的書籍，卻在不知不覺中連自己都不記得，而幫我記得這件事的，居然是眼前這位好久不見的人。

後來我們聊了好多、好多。從前我們都喜歡唱歌，還一起報名了學校的歌唱比賽。

我說：「後來成為 YouTuber 之後，有了觀眾，還自己寫了歌、出了單曲，妳聽過了嗎？」

一邊說著，才想起十七歲的我努力到現在，經歷過好多事，也完成了好多事。我很感謝自己，更感謝眼前這位好久不見的朋友，還記得我當年的樣子，記得當年的熱情和笨拙。那些連我都快遺忘的，我的原點。

有時候，總覺得自己的生命好像沒有在前進，似乎被什麼東西阻礙著。猛然回頭，才想起自己已經走了好遠、好遠。現在的你，珍惜什麼？渴望什麼？還跟當年的你一樣嗎？

有一種浪漫的說法，就是每一段真正深刻的戀愛，都是把自己當下的靈魂，切割下來交給另一個人。你相信嗎？我是相信的。

時光流逝、浮光掠影，若有緣再次碰到當年真正教會你戀愛的那個人，希望你能鼓起勇氣，和他聊一聊。彼此記得的，可能是連自己都早已忘卻的純真，那是寄託在對方身上和對方共生的美好，並永遠託付給他，如同《哈利波特》裡的儲思盆，偷不了、帶不走，只能站在原地回憶片刻，**並**

從記憶裡獲得需要的力量，讓你重新記起，那些早以爲在自己身上失去的、被時光抹滅的，原來還有人幫你好好記著。

散場的路上，我們拍了一張合照。

她說：「你也是我的初戀啊，怎麼寫不是？」

我說：「哪有，妳明明說在我之前，還有跟一個學長在一起。」

她說：「那不算，我一直認定你是我的初戀。」

揮揮手，她說下次見。

無論初戀的經驗是好或壞，如今回憶，這段經驗都成了某種對照。對我來說，是初戀教會我什麼是戀愛，不論我後來經歷過什麼，她都是一開始的起點。**回想起初戀裡最重要的感受，是我開始相信眞的有一個人、一份關係，在父母親之外，可以給予我全然的包容，讓我想和她分享所有腦海裡思考的事。**

也許在後來的關係裡，我們有所成長、有所取捨，感情逐漸變得沒有當初那麼強烈，但回頭看看那份初衷，應該也能幫助我們找到最渴望的戀愛關係。試著回想起你的初戀經驗吧！

自我解鎖練習

Q1 / 你想和初戀再見一次面，吃好聊天嗎？ **YES / NO**

Q2 / 你最想問他的問題是什麼？

Q3 / 你認為他會怎麼回答？

Q4 / 寫下一件初戀裡你最快樂的事情。

Q5 / 你能聯絡的到他嗎？ **YES / NO**

你想這樣做嗎？ **YES / NO**

Be true to yourself.

04

你的心理防禦機制是什麼？

自我防禦機制的啟動，代表壓力過載，是最眞實的求救訊號。

「防禦機制」是什麼？是當你察覺到危險或危機時，下意識會做出的反射動作。以軍事防禦方面說明會很清楚，例如，有敵人入侵，就得發射飛彈；或當不明人士踏入警戒區時，就要關上鐵門、發起警報，這是「防禦機制」。

「心理防禦機制（Defense mechanism）」是什麼？這是一個心理學中的專有名詞。指人在無意識時產生的心理機制，可能來自於某些創傷或某些過往經驗，於是自然反應出一些無意識的動作，幫助自己減少潛在的危險或焦慮。

你曾有過這種經驗嗎？當不經意講到某些話題，或別人用到某些詞彙時，你會感到特別反感？有些人在他人不小心聊到某個最討厭的朋友或前任時，會直接反應：「別聊他好嗎？我不想談。」這就是一種防禦機制的展現。

那樣的時刻發生了什麼事？在你內心的演變可能是：聽到這個名字就聯想到不開心的經驗。接著，大腦連結到受傷或憤怒的感受，因為強度太高或太過複雜，超過你當下能負擔的情緒，所以內心便啟動了這項防禦機制，也就是叫大家「停止、別聊」，以免後續的聊天內容加深更多你對該名字的連結，湧現更多負面的情緒和想法。

討論「心理防禦機制」是一項有趣的議題，因為人們通常只會意識到生理上的，也就是所謂的身體反射動作。例如，車子來了你會跳開或站在原地；看到可怕的事情或被嚇到，會罵髒話或者尖叫等。但在過往的教育裡，並沒有告訴我們「心」其實也有反射的能力。

為什麼身體或心會有這樣的機制與設定？我想，**是爲了幫助自己在發生危險的前期，先迴避危險，阻隔對心理會產生負擔的談話。**就我自己而言，通常會出現在下列兩種情況：「當我沒有感受到被支持」、「別人沒有看見我的付出」的時候。

舉個例子，我的家族大約每一、兩年會安排一趟日本的自由行。大多是由我安排家人所有的行程：搭車、飯店、找景點、找餐廳、訂餐廳、找路、找翻譯，基本上要擔任無所不包的導遊。在這樣的旅遊中，我母親時常會提醒一件事：「包包不要背那麼重，可以放在地上。」一天之中大概會講到數十次。雖然知道她是出於關心，怕我腰痠背痛，但某次我不知道為什麼，突然對我媽爆氣說：「不要再唸了，不然妳背嗎？」講完之後馬上就後悔了，卻不知道該怎麼樣收尾，心裡對媽媽感到十分抱歉。

這次的經驗，成為讓我審視心裡「防禦機制」的契機。反覆思考，發現構成這件事有幾個主因。首先，是旅行中累積的壓力與勞累，以及要面對家人與陌生人之間的反覆對話切換，趕車、趕行程的時間壓力等。除此之外，還有不被信任的感覺：「我都幾歲了，難道不知道自己能背多重的東西嗎？包包放地上萬一被拿走怎麼辦？」這些是我自己思考後找到的兩種原因。爾後經由與好友、療癒師的探討，又往下撥開一層：「因為覺得家人們沒有看見我的付出，沒有試著分擔，反而是命令我做別的事，進而產生不被信任感，參雜在一起，最後形成爆氣的原因。」

仔細想想，確實如此。如果媽媽講的是：「這趟旅程你好辛苦，要負責好多事，要把包包放下來休息一下嗎？」聽起來就會覺得完全沒有問題。但她的關心，在我耳中聽起來卻轉化成指責，這是為什麼？

我知道自己的性格裡，有一種樂於為大家服務的精神。當身邊的人因為我找了哪間好吃的餐廳或好玩的地方，而感到開心時，我也會感到很快樂。但我無法忍受別人的不尊重，比方我幫大家喬好時間、訂好餐廳，每個人都玩得很開心，卻沒人願意說聲謝謝，會令我感到很難受。我可以付出，但心裡會希望得到肯定與讚美，不用多，一兩句話便足夠。我知道自己經常悶著頭默默做了許多事，認為不用特別講，別人應該會看見，但事實上並不是如此。

而我的防禦機制就在某個瞬間被啟動，告訴自己壓力過載，需要被肯定，需要被幫忙，卻是透過生氣或怒吼的方式展現。**若能提醒自己早一步梳理情緒、說出自己的需求，應該會有更理想的結果。**

自我防禦機制當然不止於以「憤怒」的形式展現，它也可能是逃離、封閉、冷漠、哭泣、抽離等。防禦機制沒有不對，這是人們保護自己的方法。平時記得多觀察自己，消除心中的恐懼，也許可以讓我們在面對情人、朋友、家人的時候，更舒心自在，也更能理解自己的需要。

自我解鎖練習

Q1 ／ 你有察覺到自己的「防禦機制」嗎？ **YES / NO**

Q2 ／ 寫下一個上次防禦機制被啟動的過程。

Q3 ／ 你認為被觸發的點是什麼？

Q4 ／ 有什麼話題一被提到，就會感到心裡悶悶的？

Q5 ／ 有什麼話題一被提到，就會感到莫名的憤怒？

Be true to yourself.

05

你允許自己無理取鬧嗎？

當我需要被愛的時候，希望能夠安安穩穩地被接住。

前面提到了「自我防禦機制」，接下來這篇，想針對「行為」層面深入思考，聊聊「當對方做了什麼事情、說了哪些話，會特別容易激怒你？」

你最容易被別人激怒的事情是什麼？對我來說，是對方無理取鬧的行為。

在過去經驗裡，第一次有意識地對女友發脾氣，是在大學時期。那時候和她一起住在淡江旁邊的大學城，我念的是資訊傳播系，作業多起來的時候，整晚熬夜是稀鬆平常的事。還記得某次要做一份3D動畫的作業，因為求好心切，打算直接做到早上接著去上課。

當我做完準備收工，去買早餐的時候，當時的女友突然說：「這邊我一直做不好，可不可以幫我？」

我說：「好啊，但我可不可先去買個東西吃，時間還夠。」

此時對方不知道怎麼了，居然直接跳上床開始打滾，真的是物理上的翻滾，就像日本漫畫人物般原地打滾。一邊喊著：「幫我做嘛！為什麼不幫我做！幫我做嘛！為什麼不幫我做！」

當下不知為何，我的理智直接斷線。關上筆電，冷冷的說：「妳自己做。」然後頭也不回的走出門去吃早餐。

如今回想，我認為當時理智斷線的過程是：

1. 已經說要幫忙了。
2. 但我也很累，需要休息。

3. 難道我不能被允許休息嗎？
4. 為什麼要用小孩子無理取鬧的方式對我？
5. 她為什麼認為這個方式對我有用？

過去這個故事有提及過幾次，都是當我在分享「最受不了另一半做什麼」的時候。近期我有了不同的思考，**之所以如此抗拒對方有這個行爲，極大的可能是因爲自己無法接受，或不允許自己無理取鬧。**

成長過程中，一直都很少求助於他人，不論是家人或朋友。比起拜託別人做事，我其實更依賴自己，甚至被說過是不是不太相信別人，所以自己一手包辦所有事。過去，當我遇到問題時，更傾向靠自己看書、找資料，來解決多數疑問，而非「請教他人」。這個狀況一直到最近幾年，發現不論是工作或事業，再也不是靠獨自一人卯起來做就能完成後，才開始學習相信身邊的人、相信身邊的夥伴。曾聽過一句話：「一個人走得很快，但一群人走得遠。」三十歲後的我，終於漸漸聽懂這句話。

當時讓我理智斷線的真正原因，其實是最底層的我，想著：「為什麼我不能這樣做？為什麼當我無理取鬧的時候沒有人會幫我。」

無理取鬧的背後是撒嬌，是一種本能的哭鬧行為。我是否不允許自己展露這樣幼稚且童貞的一面？是否不允許自己展現無力感？**學習完強壯之後，也該學習如何在最愛的人面前，展現自己的脆弱**。凡事都是一體兩面，人之所以堅強，就是因為你的脆弱，有什麼好不能坦誠的呢？

抱歉，這篇文章騙了大家，讓你卸下心防，最後卻來了個反轉，思考的重點依然在自己身上。而多年前那個作業事件，在我吃完早餐回家後，看到女方哭泣著，也瞬間消氣，默默替對方把作業完成了。或許，我要的只是當我需要被愛的時候，能夠安安穩穩地被接住。

自我解鎖練習

Q1／ 另一半最容易激怒你的行為是 ____________________？

Q2／ 有什麼明顯的例子嗎？

Q3／ 試著分析自己生氣的過程或理由。

Q4／ 遇到時你通常會怎麼解決？

Q5／ 生氣的原因，是因為你不允許自己有這種行為嗎？

YES / NO

Be true to yourself.

06

你的底線是什麼？

若底線不斷後退，將令人無法拿捏與你相處的原則。

這篇想繼續聊聊底線這回事，為了要講清楚「何謂底線」，只好出賣我的男性好友T。T是牡羊座男子，一位直到不能再直的直男。他唯一不直的時候，就是對女生暈船的時候。

舉個例子。前陣子他約我去美式餐廳吃飯，同桌的還有幾位朋友與一位女生，幾次飯局下來，我大概知道T對那位女生感興趣。某次吃飯我遲到了，剛坐定就急忙點餐。翻開菜單後，看到有每日限量的豪華啤酒柱（一大支啤酒直接放在桌上讓你自己倒），我問T說，不如我們點這個，難得週末喝一下。同時也詢問旁邊幾位朋友，大家都表示不喝啤酒或喝夠了。

米鹿：「T，那我們就兩個人把啤酒柱喝掉囉！」

T：「來啊！點啊！」

啤酒柱來了，因為我是最晚入座的人，所以啤酒柱放在我旁邊，店員隨即遞上冰涼的杯子。我順手開始倒啤酒，裝完沒想太多就直接把倒好的啤酒推給T。

在這瞬間，看到T一個轉手，順勢將我推給他的啤酒遞給對面的女生。我心裡想著，WTF？剛剛不是已經確定好沒人要喝了嗎？不就是我跟你要喝的，推得這麼自然是什麼意思？我們認識十幾年，你從來沒有這樣把酒推給我耶？心中瞬間冒出三百個問號。後來我還得知，T之前從香港回來，來我家喝酒聊天的時候，用密封袋裝了兩片小熊餅乾給我，但那天坐在他對面的女生，拿到了一盒小熊餅乾。

對，一盒。我瞬間覺得男人的友情真是不值得一提，只能被我拿來寫，充當書裡頭勉強算是幽默的一則故事。但我心裡還是很喜歡T的，他除了見色忘友之外，沒有其他太大的缺點，需要幫忙的時候還是很有義氣。

幾年前，T有一段很慘痛的戀情，幾個好友陪他聊了又聊、聊了又聊。有一次喝的比較醉的時候，他認真問我，對於他的戀情有什麼建議（平時他根本不管我的工作在做什麼）。我很認真的回覆他：「你對她太沒有底線了，她需要你陪的時候你就去陪，這樣不好，很舔狗。」

T就在此時講了一句人生金句，他說：「**我有底線，只是我的底線不斷在後退。**」

聽完後恍然大悟，的確，有底線和底線會因為某個人而後退，是兩回事。有底線是你知道在感情裡，對方出現哪些行為或說了什麼話，會使自己不舒服，這也能連結到前面提過的「防禦機制」，當你知道自己的地雷在哪，便知道該設下什麼樣的防禦規則。**我們必須先懂得保護自己，才能保護「關係」，就像學校需要校規，社會需要法律，那是保障彼此的最低底線**，讓對方知道什麼能做、什麼不能做，才會形成對彼此的尊重。底線不斷後退，只會令人感到困惑，困惑於不清楚和你互動的原則是什麼、該如何知道什麼時候要捍衛你或保護你？我不希望一個人因為愛我，而讓他的底線不斷後退。

還是想提醒大家，制定自己的原則很重要，這是在任何關係階段中保護自己的重要方法。於是，再特別列出一些問題，邀請大家寫下自己的規則。

自我解鎖練習

寫下面對各種不同狀況時，心中的底線是什麼。

Q1 / 追求一個人的底線是＿＿＿＿＿＿＿＿＿＿＿＿＿＿？

Q2 / 在一起前的底線是＿＿＿＿＿＿＿＿＿＿＿＿＿＿？

Q3 / 金錢上的底線是＿＿＿＿＿＿＿＿＿＿＿＿＿＿？

Q4 / 結婚前的底線是＿＿＿＿＿＿＿＿＿＿＿＿＿＿？

Q5 / 關於道德上的底線是＿＿＿＿＿＿＿＿＿＿＿＿＿＿？

Be true to yourself.

07

暈船很快樂，但暈完要記得醒來

原則若是摩天大樓，當有天它被推倒，要嘛遇上眞愛，否則承擔天災。

也許你會說自己從沒談過戀愛，但可別說從沒為誰暈過船。有些時候，沒暈過船似乎比沒愛過更令人心疼一點。沒愛過能怪罪於時間未到，但沒暈過就像失去了愛人的衝動。

大家都說我看起來一副戀愛大師的模樣，談戀愛時應該很冷靜，不太會發生暈船的現象吧？但不巧的是，我的上升星座在牡羊，偶爾會衝昏頭，總會用「我如果不夠衝動，就是不夠喜歡妳！」的念頭說服自己，同時也說服別人「我是真的愛妳」。對，我也是正常人，可以讓我暈一下吧！

我曾在感情的空窗期，撞上一位讓我暈到不行的女生，稱她為Miss.N。她留著俐落的短髮，從事公關業，事業有成，有著極具魅力的反差萌。工作時是充滿氣場的女強人，和朋友在一起則是照顧所有人的大姐。但在私底下的相處，卻又變成小鳥依人的女生。面對不同場合呈現不同魅力的她，當時真的令我相當著迷。

在那段期間，我徹底成為他人口中所說的「暈頭轉向」。因為這個女生，無論興趣、愛好甚至作息時間都無一不合。一度想跟朋友宣稱我遇到了真愛。但在相處大約一個月之後，漸漸察覺到某些觀念不同的地方，好比她從來不帶我見她的朋友，也不曾讓我進到她家裡。

欸？通常寫了這兩句，就會開始猜到故事的發展走向是「她結婚有小孩了」或「她有男朋友」。但後來印證，事實並非如此，而是她和我有不同的堅持與原則。不能進家門是因為與妹妹同住，她認為見家人是一件非常嚴肅的事，所以在關係穩定之前，她無法做到這件事。見朋友也是相同道理，因為她的社交活動、朋友聚會，大多發生在家中客廳，其他時間則忙於創業，基於前面的理由，我也見不到她的朋友們。

猜到我要說什麼了嗎？我經常在影片中強調一個重點：「**交往前，一定要試著和對方的朋友相處，才會更容易看到他真實的樣子，也更能判斷是否喜歡對方的本質**，因為對象單獨和你見面可以假裝，但很難要求他的朋友和他一起演。」

對，這些我都知道。但遇見她，我卻說服自己應該順著對方的原則走，應該要理解她的世界觀為什麼讓她做出這樣的決定。

當然，這段關係最後並沒有結果，分開前她曾問我：「我知道你不是我的真愛，但我很喜歡和你相處，這樣你可以接受嗎？」我居然還回答：「好。」當時心裡想的是，也許可以透過往後的相處扭轉一切。我曾拍過一支影片，勸大家不要認為自己可以改變任何人，前面的文章也提醒大家，戀愛中不該改變自己的底線。

看來，我真的很暈。

在關係結束幾個月後，再次審視當時的狀態，我寫下兩段話給自己，第一段是：「**最大的原則是把自己的心顧好，堅定自己想要什麼、需要什麼，不要爲了很喜歡這個人而犧牲自己，改變自己。**會有原則是因為要保護自己，這個原則是日積月累的人生讓你保存下來的，你知道吃什麼東西會過敏，而這件事不會一天就改變。如果輕易改變，受傷的只會是自己，對方並不會認為你為了他而犧牲。」

第二段是：「一個人的原則若是一棟摩天大樓，有一天它被瞬間推倒、改變，只有兩種可能，一是你遇上了真愛，或者，這是一場天災。」

寫完後，我就清醒了。

自我解鎖練習

Q1 ／ 你認為自己有「易暈體質」嗎？ **YES / NO**

Q2 ／ 感覺暈的時候，你會找誰來幫忙打醒你？請謝謝他。

Q3 ／ 我上次暈船中最後悔的事情是＿＿＿＿＿＿＿＿？

Q4 ／ 用一段話，提醒戀愛中要保護自己。

Q5 ／ 寫下一條戀愛關係中，你認為絕對不能違背的原則。

Be true to yourself.

08

我已經很受寵，那又何必要愛你？

如果你已經收到很多愛，是否該感謝愛的到來？

我身邊有一位很神奇的朋友，簡稱為K，MBTI（十六型人格分析）是E（外向）開頭，她最近給自己的稱號是「社交悍匪」。意思是超越社交牛逼的等級，直達社交悍匪。對於這個新名詞的說明，她的解釋是：本質上並不懼怕或意識到自己在進行任何「社交行為」，和各式各樣的對象、人物展開對談時，都十分自在與舒服。因為這只是「單純的講話」，跟社交一點關係都沒有。

聽完這個解釋，首先意識到我和別人說話時，都會認定自己是在「聊天」，也就是認為「與他人講話時，就在建立關係」。但K認為，在路上跟路人隨意聊兩句，只是人類在講話。

具體程度有多麼誇張呢？我曾親眼見過K明明只是路過一座公園，看到一位正在遛鵝（對，是鵝，有蹼的鵝，頸上還帶著項圈）的媽媽，便自然的攀談起來。相談甚歡到鵝的主人，主動要幫K跟她的鵝合照。我也曾見過，明明只是看一場舞臺劇，K卻在開場前和坐在K右側的女士聊天，聊到最後，連我都知道原來這位媽媽的女兒是這場表演的工作人員、幾歲、做了多久等，這些我一輩子都不會從路人身上得知的訊息。

我承認自己有點社交恐慌，所以和社交悍匪K出門時，都覺得相對輕鬆，因為沒什麼人會跟我講話，甚至我不用講話。起初雖然是這樣想，但後面幾次不禁開始懷疑，自己在如此友善的聊天氣氛下，若都一聲不吭，會不會顯得難搞又不好相處？產生這樣的念頭後，反而不知道該說些什麼或做些什麼了。

K還有另外一個神奇的特徵，經常遇到路人或不認識的同學主動對她示好。最近她去上了一堂語言課，明明是還不認識的新同學，卻貼心的問她：「是不是教室冷氣太冷？我幫妳調低一點？」或：「這份早餐給妳吃。」K說她真的很驚訝，因為兩人完全不認識，但對方表示連續幾次早上上課，K看起來都面無血色，自行推測她還沒吃早餐，便自動幫K買了一份。以上全為女生對女生的對話，並沒有任何異性追求的可能性在其中。其他同樣等級誇張的事蹟數不勝數，便不一一贅述。

總之，身邊的朋友、陌生人，不分遠近，大概率都會主動幫K做事或贈送許多需要的東西給她。若說她的存在像女王，又不是這麼貼切，因為女王會以具有威嚴的氣勢來命令「讓別人完成女王想做的事」。K的狀態更像是：「哇，妳好親切，可可愛愛的，感覺好嬌弱，是不是需要我幫妳做些什麼？不要動，待著就好，我來處理。」這樣的感覺。

這樣的人生體驗真的很不可思議，因為我對於不熟識的陌生人都會保持距離。多數朋友都知道，要跟我認識一段時間後才會曉得「我沒那麼難相處」。

K說：「會不會是因為我很會提供他人情緒價值，當別人熱心幫忙或給予某種建議時，我都會稱讚對方好棒，是發自內心的那種。」

每個人都有一些與生俱來的超能力，而K剛好落在這一項。

我問K：「平常就收到各式各樣的愛了，會不會覺得如果當妳男友，需要給妳更多愛？」

K想了想，說：「老實說，以前會。覺得男友的愛要更多、更霸道、更占有，才顯得跟別人不一樣。」

這是一場有趣的討論。在我的想法裡，所有的愛應該都是對等的。路人、朋友或家人給你的愛，也是愛，不能因為平常就已經收到超多愛，而轉過身要求另一半：「欸，我平常收到很多愛了，你要給我更多喔！」這種感覺。這就像是在說：「我已經很受寵了，為什還需要愛你？」

每個人對於愛的定義都不同，當然可以定義你的「愛」著重於感受，一定要感受到特別且獨一無二。**愛也有所謂的相對性，甜的吃多了想吃辣的、長袖穿久了想換短袖穿，愛的模樣就是如此千變萬化。**

我認為自己是一個相對缺愛的人，但若你是屬於收到很多愛的人，又會如何看待戀愛呢？愛一定會照著心中想要的方式呈現嗎？是否該放更多的注意力放在「感謝愛的到來」？當意識到的那一刻起，愛就已存在。

自我解鎖練習

Q1／ 你能夠經常感受到「愛」嗎？ **YES / NO**

Q2／ 寫下一件近期朋友讓你感受到愛的事。

Q3／ 寫下一件近期非朋友、非家人、非另一半，讓你感受到愛的事。

Q4／ 寫下一件另一半或心儀對象曾經做過，讓你感受到愛的事。

Q5／ 另一半給我的愛和別人不同，原因是什麼？

Be true to yourself.

09

聊天是為了「讓自己開心」，而不是「讓別人開心」

有意識的說話，自己也能有所收穫，讓分享與傾聽變成一種流動。

「為什麼有人超愛聊天，但我卻聊一聊就感到疲倦？」原因也許能歸咎於我的MBTI開頭是「I」而不是「E」，但若真要說，當我面對好朋友或我想講的事情時，也並非完全不願意開口。個性的內向與外向，或許真的是一種先天設定，但或許我們可以找到一些方法，讓自己在「想要多認識人」或「需要跟別人聊天的情況下」能感到更自在，讓內心更敞開一些？

我們總是忘了聊天是為了「讓自己開心」，而不是「讓別人開心」。

許多人不是不會聊天，而是抗拒聊天，例如我。雖然我總是在YouTube的影片裡侃侃而談，但私底下的我其實話不多，在朋友們的聚會中，除非遇到非常想聊的話題，否則只要能避免說話，我是絕對不會主動聊天的。原因顯而易見，每天都因工作需要而進行的影片拍攝、經營社群、Instagram上回覆各種訊息等，對我來說都是「講話」的一種，即使是文字書寫，也是對話能量的損耗，這會使我感到疲憊。如同其他工作性質和我相似的朋友，業務、客服、服務業等，每天都在講話，下班後還要跟人聊天，定會在心中大喊：「讓我休息好嗎？」

前陣子，朋友與我分享一個觀念，聊天是為了「讓自己開心，不是讓別人開心。」這句話真的重新建構我對於「聊天」這件事的想像。

在我的世界裡，多數時候與他人聊天是為了「讓聽的人開心」。從前，我總是抱持著「盡力講你想聽的話給你聽」、「盡力給予你想聽的，想知道的」，往往沒想到自己快不快樂。並非和任何人聊天都不快樂，而是我忽略了講話時自己也是快樂的。就像運動的時候，不小心將注意力只放在「累」，而忘記「我的肌肉有被鍛鍊」；又或者像廚師做料理時，除了「煮出讓客人想吃的料理」，「煮出讓自己感到驕傲的菜色」其實是同等重要。

所以，和我一樣的朋友們，就從現在開始享受快樂吧！有意識的說話，自己也能有所收穫，讓分享與傾聽變成一種流動。如果這樣，還是讓你遇到聊天很累的人，那就是話不投機、頻率不對，趕快停止吧！聊天的目的是為了讓自己更有魅力，別人開心的同時也讓自己開心。

自我解鎖練習

Q1 ／ 上一次讓你產生「聊天好快樂」感覺的人是誰呢？

Q2 ／ 你們都聊了些什麼呢？

Q3 ／ 通常朋友們最有興趣聽你說什麼樣的話題？

Q4 ／ 寫下一件近期最想和別人分享的事。

Q5 ／ 想把這件事告訴誰呢？

Be true to yourself.

10

從自己說出的回覆，理解自己「原來是這樣想」

聊天不單只是爲了聽到他人見解，有時也希望聽見自己說出寶貴的答案。

前一篇我們重新確認了「聊天是為了要讓自己開心」，而除了情緒之外，接著我們要聊更多關於聊天的好處。「聊天」在很多時候，是為了從自己的口中聽到某些答案，並經由和對方聊天的過程，更確定自己的想法。

身而為人，必定有固定的行為模式或說話習慣。我們傾向談論自己想說的、想聊的。如果近期你正熱衷於某個興趣或喜好，那麼有極大概率，這幾天見到朋友時，就會以這件事作為開頭，不太容易想到其他事情。有點像是某個程度上的思考僵化，**而有時與朋友聊天，就是希望可以透過一個嶄新的視角，拓展自己的視野或審視自己的看法、重新整理的思緒。**

去年初，我碰上了影片創作時的小低潮，連續好幾支影片都拍得力不從心。就在此時，剛好收到大學教授邀請我，回系上跟學弟妹分享YouTube的經營心得，趁著這次分享的機會，順路回到母校走走晃晃，轉換一下心情，因此就答應了下來。講座順利結束，在最後QA的時候，有位學妹問我：「學長，你對系上哪一堂課印象最深刻？認為是最有幫助的？」

當下的我，其實想不起來哪堂課最有用，畢竟都已過了十幾年，當時學習的程式與技術，老實說現在也都用不上，被淘汰了。但當年的授課老師卻剛好坐在面前，真的十分尷尬。最後，我的答案是：「以前唸書時，沒有iPad，手上還拿著iPhone4，學到的技術都在改變。但我覺得最珍貴的事情，是這四年間學到了如何跟身旁的同學溝通，妥善完成每一項的小組作業。當你真正有個想完成的目標，是無法自己一個人完成的。因為你不可能同時擅長美術、程式、設計、專案管理。但又該如何和「別人」順利溝通心中想做的？怎麼「傳達心中的概念跟訊息給對方，讓對方知道你在講什麼，並被你感動？」

這是四年期間，我學到最珍貴的事。因為出社會後，好難找到有人願意和自己一起，不計較收益去努力完成大家都想做的東西。

講完的當下，自己感到十分意外，更同時被自己說出來的話而感動。如果不是這位比我小十歲的學妹提醒了我，畢業後還真沒想過這個問題。或許這也是那陣子的我，最需要的一個答案。我所欠缺的，就是不小心忘記有一群夥伴在身邊可以協助我，忽略了他們的力量，總是一人悶著頭苦做。

聊天，有時候不單只是爲了聽到他人的見解，也希望從自己口中，聽到令自己感到意外又最寶貴的答案。

無論你最近遇到了什麼樣的瓶頸，或正在思考工作與感情上的難題，試著不設限的和任何對象聊聊，也許會從中找到某些意料之外的收穫。收穫不見得來自於聊天對象直接提供的建議，而是從某些對談或對方反問的問題中，找到全新的想法與契機，帶來意想不到的改變。

自我解鎖練習

Q1／ 最近有什麼工作上的煩惱嗎？

Q2／ 最近有什麼感情上的煩惱嗎？

Q3／ 學生時期需要放鬆思緒時，你最常去哪些地方？

Q4／ 出社會後需要放鬆思緒時，你最常去哪些地方？

Q5／ 寫下幾個「跟他聊聊也許有幫助」的朋友名字。

Be true to yourself.

11

聊天真的會聊出感情嗎？

藉由聊天找出對方的隱藏性格，讓曖昧或認識初期的互動，充滿更多驚喜。

常有人說「多刷臉」、「近水樓臺先得月」、「多聊天是博取好感的第一步」。事實上真的是如此嗎？聊天到底會不會聊出感情，這個流傳已久的集體共識與都市傳說是否為真？有一位美國的社會心理學家做了一項相關研究，用來印證這件事，而這項研究也在日後成為知名的心理學理論：「重複曝光效應（Mere Exposure Effect）」。

這個實驗的目的在於，測試大學課堂上什麼樣的學生最受歡迎？研究人員安排了四位長相與身材都相似的女生共修同一堂課，變數在於四位女生的出席率不同。一位完全沒去過，第二位只去過三次、第三位去過六次、第四位則是每堂課都出席。給予這四位女生的指令是只能坐在教室裡上課，盡量不要跟任何人互動或交談。到了學期末，研究人員再請同一堂課的同學們，對四位女生的外表和吸引力等，進行綜合評分。猜猜看結果如何？每堂都到場的女生獲得了最高分數。答案很簡單，就是因為她比較常出現。因此，**常聊天不一定會聊出感情，但至少印象分數肯定會增加。**

在現代社會裡，除了實際生活中的接觸，網路或社群上的出現也算是一種重複曝光效應。畢竟，當你傳遞訊息的時候，人物大頭貼也會跟著跳出來。而除了「多刷臉」之外，我們還能賦予聊天更多意義嗎？當然可以。**「聊天」是透過「弄懂對方的興趣」，了解他背後「隱藏性格」的機會。**除了知道對方喜歡玩手機遊戲就跟著他玩之外，需要深入思考，對方有這個興趣可能代表著什麼意義？

舉例來說，若在交友軟體上遇到一個女生，說她認為會自己下廚的男生很有魅力，通常我們只會順著繼續聊聊做飯的樂趣、喜歡哪些料理等。但仔細想想，「喜歡男生下廚」可能會有什麼樣的性格特質？別說她只是「單純喜歡男生穿圍裙」，或「喜歡吃牛排」這種答案，太膚淺了。

喜歡會下廚的男生，背後代表的可能是她喜歡被照顧？或者，這位女生對於生活品質有一定的要求而且有點聰明？否則她可以說喜歡在外面用餐，為何要喜歡「下廚」？也許是喜歡自己料理的手作感，或是可以用更少的預算、更聰明的方式獲得更棒的享受。那麼，她有極大的可能，是個喜歡聰明消費或勤儉持家的人。又或者她偏好的愛的語言，剛好是服務的行為。試著用這樣的推論，找出聊天對象的隱藏性格，讓曖昧期或認識初期的互動充滿更多樂趣與驚喜。

自我解鎖練習

Q1／ 目前或上一個喜歡的人，有讓你印象深刻的興趣嗎？

Q2／ 你覺得這個興趣反映著什麼樣的性格特質？

Q3／ 除了上班，你最常出現的地方是哪裡？

Q4／ 想想看，哪個場所最容易出現吸引你的對象？(某間店、圖書館、電影院……)

Q5／ 試著描述這個可能吸引你的對象：

他的外貌是：

他的性格是：

他的身形或穿著是：

他可能會跟我聊：

Be true to yourself.

12

為什麼相似的人最後卻註定相異？

人們天生喜歡新穎有趣的事物，而個性與你不同的人，往往符合這個條件。

前陣子，我很著迷於MBTI的分析與研究。其實不只是MBTI，舉凡星座、人類圖、血型、紫微斗數，甚至面相學，只要是能有助於更了解自己的工具，我都喜歡研究，同時也是我發想拍攝影片的主題來源之一。

MBTI十六型人格分析，是基於分析心理學家Carl Gustav Jung（卡爾・榮格）理論所延伸出的心理測驗。透過不同情境下的選擇與偏好，幫助受試者釐清在每個看似主觀的行動選擇背後，存在著什麼樣的動機與原因——即「我是誰」與「為什麼」。尤其是能回答「為什麼」的邏輯框架，是很吸引我的一件事。

我的類型是ＩＮＦＰ，由前到後的四個英文字母分別代表著：內向、直覺、感性、彈性。單純看這四個敘述的含義，已十分符合我整個人的個性與思考邏輯構成。這樣的我，具體來說會有哪些明顯的行為表現呢？多數時間裡，我的腦海裡總是充滿許多想法想和別人分享，但又無法確定別人想不想聽，或者我到底該講些什麼？於是，很容易造成不小心講太多，或別人不知道為什麼我要跟他說這些話的窘境。又或者因為對方聽不懂或無法理解，而導致自己內心受傷。

在某次機緣巧合下，邀請到了YouTube上專門拍攝ＭＢＴＩ的專家雪力（夏瑄澧）老師，來我的頻道聊聊。在那支影片中，釐清了幾個關於ＭＢＴＩ

的熱門觀念或戀愛的模式，對我有不小的幫助。其中一點是：「相同類型的ＭＢＴＩ在一起，是適合的嗎？」

畢竟，無論是星座或其他占星系統，大家最想知道的就是配對結果。沒想到，雪力給了我一個令人意外的答案。

「兩個類型完全相同的人，最後一定會有其中一個慢慢朝著另外一方發展。例如，若是兩個較為內向的Ｉ型人在一起，其中一個會漸漸變成比較外向的Ｅ型人。」雪力這樣和我分享。

我的理解是，儘管兩個人都內向，但一定會有其中一個人，因為要負擔起某些生活或社會上的責任，而漸漸朝天秤的另一端發展。舉例來說，總不能兩個人在外吃飯，都同時抗拒向店員點餐，其中一個人會漸漸在互動中扛起這個責任。而其他三個指標，也可能會有相似的情況產生。

這個概念給予我一個相當棒的提醒：**「所有的關係都是互相的。」你之所以成為你，是因為我是這樣子的我。**我之所以比較外向，是因為你相對比我內向，這只是我們之間的相對關係，並不是和世界上所有人的相對關係。但我們經常誤以為兩個人的世界就是全世界。也許我們都在不知不覺中，忽略了跟另一個人在一起時，在彼此身上雕刻下的痕跡、互相形塑後的模樣。

這樣的概念，也讓我想起另一句話：「遇見的每個人，對我們而言都是一面鏡子，映照出自己。」此刻對方在你面前呈現的模樣，也許是因為我們也展現了某些相應特質，而形成了這樣的結果。

無論遇到好事、壞事、快樂或抱怨，今後我都會帶著這一層觀念，去審視我在每一段關係裡的位置與狀態。最後，再說一次這句我好喜歡的話：「所有關係都是互相的。」

自我解鎖練習

Q1 ∕ 查查看，你的 MBTI 是＿＿＿＿＿＿＿＿＿＿＿＿＿＿＿？

Q2 ∕ 這類型的性格，有著什麼樣的感情觀？

Q3 ∕ 符合你的想法嗎？不符合的地方有哪些？

Q4 ∕ 曾有在一起後，覺得伴侶改變了嗎？ **YES / NO**

Q5 ∕ 是否曾因為兩人性格相異，而讓自己改變，
改變了什麼？

Be true to yourself.

13

你會怎麼畫自畫像呢？

從小，我就是一個缺乏繪畫天分的人，比起寫作或寫歌，畫畫的技能基本上是趨近於零。人生中繪畫能力值最高的時候，應該是小學時期很迷寶可夢，喜歡在筆記本上描圖。

近期因為嘗試了各式各樣的自我探索方法，所以重新有了幾次畫畫的機會，在這些體驗中我有了和過去不一樣的感覺。以前在畫畫的過程裡，我總是追求著：「畫得跟原圖一樣。」或以前上素描課時：「畫出跟眼前一樣的蘋果。」求的是復刻，而不在創造。在最近幾次的繪畫體驗過程中，老師更注重的是你挑選了什麼顏色？選擇了什麼樣的紙張或畫筆完成這幅作品？直到此時，才真正意會到，**原來「畫畫」也是一種自我審視的過程。**

最近，我又再次接觸到一堂課程，課程中要求同學畫下自己的自畫像，接著再讓同學們兩兩對坐，畫出彼此眼中的自己。你會發現，原來自己觀看自己的方式，和別人眼裡所看到的，竟是如此的不一樣。

接著，在正式開始動筆前，請先回答下列這些問題。

自我解鎖練習

Q1 ／ 試著用幾個句子敘述自己的樣貌？

Q2 ／ 最喜歡自己外表上的哪個部分或特質？

Q3 ／ 你對自己的外貌有自信嗎？ **YES / NO**

Q4 ／ 現在對你而言，最重要的個人特質是什麼？

Q5 ／ 試著畫下自己大致的樣子。

Be true to yourself.

14

試著從第三者的角度觀察自己

試著觀看自己，並畫下自己。你會著重於哪個部分？眼睛、頭髮、鼻子、嘴巴或身材？還是衣服？也可能你為自己加上某些配件，是耳環還是眼鏡？或許你在人物背景畫上了一些點綴？甚至是家中心愛的毛小孩，也被一起畫進了自畫像裡。

這個過程，有極大的程度代表著你觀看自己的方式。接下來，一起透過幾個有趣的問題，仔細觀察這幅畫。

自畫像

自我解鎖練習

Q1 ／ 作為第三者，你會怎麼形容畫裡的這個人？

Q2 ／ 這幅畫裡有什麼你注意到的重點？

Q3 ／ 和鏡子裡的你相比，有哪些地方相似，
哪些地方不一樣？

Q4 ／ 給這個自畫像裡的人取一個綽號，綽號是＿＿＿＿＿＿＿＿。

Q5 ／ 如果可以，找一位朋友請他畫一幅你的畫像。

Be true to yourself.

15

朋友眼中的你是什麼樣子？

接下來，請在問題的空白處中，填上伴侶、朋友、家人或同事，身邊的人通常會用什麼樣的方式形容你的個性？以我為例，經常被朋友說是個看起來很成熟的人，尤其是透過影片或文字作品認識我的人。大家會以個性沉穩、心思細膩、不盲從等特質來形容我。但若是問我私下很熟、相識多年的朋友或另一半，聽到的答案可能會是：「他有時候很幼稚，比想像中幼稚很多。」、「瘋起來很白目，根本不是螢幕上那個人。」這在一定程度上說明了，**我們想呈現的自我，與朋友眼中看到的樣子並不一定相同。**

而透過那一幅「他」畫給你的畫像，也許可以證明這一點。看看「他」畫給你的這幅畫，是否更進一步認識了「他」眼中的你？或許，你也可以畫一幅「他」的畫像送給他。兩人試著討論眼中的彼此，會是一個很有趣的話題和過程。

自我解鎖練習

Q1 ／ 作為第三者，你會怎麼形容畫裡的這個人？

Q2 ／ 這幅畫裡有什麼你注意到的重點？

Q3 ／ 和你自己畫的那幅畫相比，有哪些地方相似，哪些地方不一樣？

Q4 ／ 給這個自畫像裡的人取一個綽號，它叫做＿＿＿＿＿＿。

Q5 ／ 你覺得朋友看到了你身上的哪些特質？

Be true to yourself.

16

愛的可能性：自願單身媽媽

關於不婚、嚮往婚姻或是生養孩子，你釐清自己的心之所向了嗎？

首先，你聽過「自願單身媽媽」嗎？單身媽媽是指沒有配偶的女性，那麼自願是什麼意思？從反面來看，非自願指的是離婚或喪偶，因某些原因失去了原本的伴侶。而自願單身，指的就是「我自願在非婚姻的狀態下有孩子」。

最近我身邊出現了一位粉絲，稱她為Y，目前三十三歲。她有過一段接近婚姻的愛情，最後沒有結成。她發現自己想要孩子的陪伴，順著這念頭思考，逐漸釐清，比起婚姻她更想要的是「小孩」而不是「老公」。

原因在於，她有一個從小把自己當親生孩子照顧的阿姨，常帶她出去玩、買玩具給她，雖然是姊姊的小孩，但阿姨卻將Y視如己出。Y的阿姨從未結婚，獨自生活倒也沒什麼不好，時常和其他姐妹一起出國玩。直到三年多前，發現自己罹患癌症，病情來得快又突然，後來便過世了。

阿姨過世前的那段日子，Y常到醫院陪她。阿姨說自己其實很渴望能有個小孩，所以將愛都灌注在Y身上，很感謝Y在最後一段時間的陪伴，但心裡還是有些遺憾，沒能生下自己的孩子。此後，Y便開始有了當自願單身媽媽的念頭。的確，Y本身的經濟狀況良好，她打算進行人工受孕，獨自扶養孩子。如果自己能做好準備，而原生家庭也願意支持，這樣的生活方式有何不可呢？

Y額外與我分享，自從做了這個決定後，她就在交友軟體的自介上大方打上「自願單身媽媽」。意外的是，成功吸引到比之前更多的配對，且對方多為二十五歲以下的男性。其實這是她最一開始私訊我的原因，因為她不太理解為什麼這樣的自我介紹，會讓她在交友軟體上比以前更受歡迎。我說：「可能小男生們覺得妳很有自信吧？」

如果是你，到了一定的歲數後，釐清自己的需求與心之所向後，有可能做出這樣的決定嗎？成為單身媽媽或爸爸，是你從沒想過但卻可以考慮的選項之一嗎？

自我解鎖練習

Q1 ／ 條件允許的話，你會成為自願單身媽媽或爸爸嗎？

YES / NO

Q2 ／ 若把婚姻與生育小孩拆開看，哪一項對你更有吸引力？

婚姻 / 生養小孩

Q3 ／ 你對「自願單身媽媽或爸爸」的看法是什麼？

Q4 ／ 你願意和他們約會嗎？ **YES / NO**

Q5 ／ 請試著對 Y 說一段話。

Be true to yourself.

17

開放式關係是一種愛的形式嗎？

讓自己在關係中的每一步都踩得踏實，對所下的決定毫無質疑。

你聽過開放式關係嗎？是否想過自己可以接受開放式關係？某次和朋友A在拍攝影片後的閒聊裡，談到了關於「開放式關係」的話題。開放式關係是什麼？整體而言，是不限於一對多或多對多的關係相處，即不設限彼此的交友狀態。

有人會誤認為是一個男生有很多個女朋友，但正確來說，只有在「男生」

身上有開放式關係，對他的女朋友而言是單向封閉的。

若以一男多女的關係來看，女方的講法應該是：「我男朋友是開放式關係，他有很多女朋友，但我對他沒有，我只有他一個。」一般這樣的狀況，女生並不算身處在開放式關係中，因為她並沒有想要「開放」，但這只是我個人的主觀認知，和我聊天的朋友就認為：「這樣女生還是在開放式關係裡啊，因為在『她與男友的關係裡男友朝外的關係是開放的』所以就算是開放。」這麼說也沒錯，也許是我下意識中覺得對男女間的狀況不算公平吧！

開放式關係，處理的也許是越來越碎片化的情感需求，如同現代社會中，時間被人們切得越來越零碎，因此讓更多人選擇斜槓多工的生活。那麼情感的切割，在未來的幾年裡是不是會逐漸成為更多人的選擇與可能性？

曾和一位身處開放式關係的女性朋友L聊過這個話題。L的另一半在剛認識時就已表態，自己正處於開放式關係中，原本L不太理解為什麼人會需要這樣的情感模式，但她還是決定嘗試幾個月。她說：「後來我覺得這樣也蠻自在的，我知道自己工作很多、事業心很強，前兩任男友總是因為我工作太忙沒時間陪他們，或要經常出差而吵架。但這次不會，剛好找到適合彼此的相處頻率。」

雖然後來他們並沒有交往太久，因為非單一性伴侶與相處時間多寡等因素，終究還是分手了，但對當時的L而言，這樣的關係確實解決了她與伴侶間某部分的相處問題。

A問我：「開放式關係算是愛嗎？什麼樣的人適合開放式關係？」

我說：「開放式關係當然算是愛的一種，**愛有很多種形式，它並不需要透過絕對主觀或客觀的想法來決定，只要你認爲是愛，那就是愛。**」

至於什麼樣的人適合？只要你確定自己想要這樣的關係，心中並沒有感受到任何的委屈或勉強配合，讓自己在關係中的每一步都踩得踏實，對這個決定毫無質疑，有能力與覺悟達成這樣的條件，那麼你就是適合的人。別說開放式關係，其實各式各樣的關係或決定，都應該如此。

而在後來的思考與想像中，我開始把過往「部落」的概念與「開放式關係」進行聯想。部落的概念是什麼？有人負責打獵、有人負責織布、有人負責管理。我們都同時屬於「部落」這個組織，但卻不屬於任何一個單獨的個體。把部落為了生存的分工，轉化成開放式關係中，每個人都得負責某部分的情感需求，生存需求若能同時被多人分擔與支持，為什麼情感需求不行？工業化時代帶來了專業化的分工，那麼在資訊爆炸的時代，後人類在情感面，是否也會產生更多複雜且難以定義的渴望？

若現在問我，是否願意或準備好進入一段開放式關係？我無法回答，也不能給出一個準確的答案。只能說，現在的我，比從前更加理解這個概念與它的優勢，但關於那些伴隨而來的嫉妒、控制、不被愛、不能占有，我想我還沒準備好。

自我解鎖練習

Q1 ／ 你認為什麼是開放式關係？

Q2 ／ 在很愛對方的前提下，你願意進入開放式關係嗎？

YES / NO

Q3 ／ 開放式關係的優點是什麼？

Q4 ／ 開放式關係的缺點是什麼？

Q5 ／ 你認為開放式關係裡有忠誠嗎？為什麼？

Be true to yourself.

CHAPTER 2

從約會開始，找到命定的他

Question

曖昧對你而言，一定要有結果嗎？

YES / NO

01

廢物測試

在長期穩定的關係中，真誠的相處態度，是通過所有測試的唯一準則。

前陣子網路上有個新名詞，叫做「廢物測試」，主要是用來敘述當女生面對男生搭訕時，會提出一些問題，或藉由某些應對進退與互動，觀察這個男生是否為「完全不需要給機會跟他相處或聊天的廢物」。可能是這個男生某些行為怪怪的，或是肚子裡一點東西都沒有。那麼，女生便可以自行判斷不需要花時間相處，直接將關係畫下句點。判斷的基準很廣，也許是外表、談吐、服裝、應對進退等，都包含在內。

當初這個詞彙會盛行，主要是因為奉行PUA或把妹社團、兩性課程裡的討論，意思是當男生試圖透過大量的搭訕認識女生時，「廢物測試」就是被搭訕的女生會提出的第一道關卡，通過了才有後續發展的可能。因此，如何安全地通過「廢物測試」，就是這群人極欲找出攻略的重點。但本書並不是把妹聖經，在此也沒有要教大家如何搭訕別人或把妹。只是想從「廢物測試」的概念中，延伸討論人與人之間溝通或關係中會發生的事。

我自己有個相處上的壞習慣，相處初期如果對方身上出現「因為我個人喜好而不那麼喜歡的小缺點」，我會選擇微笑帶過。畢竟兩人還沒有正式在一起，太快嫌棄對方這些小細節，我自己內心也過意不去。這種個人主觀不喜歡的小缺點，提也不是，不提心裡又有些疙瘩。

曾有一任約會對象長得很漂亮，但就是吃飯的時候偶爾會發出「嘖嘖嘖」

的聲響。剛開始我並不以為意，單純覺得這個動作特別不適合她。兩人才剛一起吃過幾次飯，就要嘗試改變對方的習慣，似乎也說不過去，於是便沒有特別提起。

到了開始認真相處的階段時，有一次我心情不太好，前面也因為其他事情發生爭執，造成彼此有些不愉快。因此準備開誠布公地討論雙方互相看不順眼的地方，我的防禦機制和吵架神經也同時被挑了起來，說：「我真的不喜歡妳吃飯時發出『嘖嘖嘖』的聲音，有時候甚至覺得是故意在我面前這樣做，要讓我討厭妳。」

對方聽了當然不是很高興，說：「為什麼剛開始的時候不提這件事，現在相處了幾個月才講？我也不是故意這樣做，只是純粹覺得好玩而已。」

後來女方才跟我講了「廢物測試」的概念，認為也許我在不知不覺中，以這個概念去篩選她是不是對的人。簡單來說，就是在關係中埋下測試，**在感情發展至一定基礎後，開始採用一些進階的問題或狀況劇，觀察對方是**

否有能力通過，夠資格成爲和你正式進入感情關係的人。說得更白話一點，就是將記在小本子上的帳，開始一一拿出來清算，挑釁對方。

過去那些曾經歷過的爭吵中，所產生的憤怒是你真實的憤怒嗎？還是某種個人的防禦機制？又或者只是想測試對方能否通過你的考驗？我們都可以制定適當的方法，測驗眼前的人是否適合自己，但希望是在有意識的狀況下進行測試，而非無意義的考驗另一半對你的脾氣或耐心極限在哪。同時，也想邀請大家一起思考，是否真的有必要用這種方法測試喜歡的人，又或者，這只是一種動物本能？這些都是我時刻給予自己的提醒。

自我解鎖練習

Q1 ／ 你曾經做過（被做過）廢物測試嗎？ **YES / NO**

Q2 ／ 試著舉出一個像廢物行為的事件。

Q3 ／ 你會用哪些問題或方法進行廢物測試？

Q4 ／ 回想並描述上一次在感情裡遇到的爭吵，
可能是廢物測試嗎？ **YES / NO**

Q5 ／ 你覺得廢物測試有助於建立正確的感情關係嗎？

YES / NO

Be true to yourself.

02

愛是 1 to 100，還是 100 to 1

好感是從無到有的漸進式累積，還是從滿分扣到零分的幻滅過程呢？

你曾想過對一個人的好感，是如何累積的嗎？第一次聽到這個問題時，覺得非常有意思。難道不是很直觀的加法嗎？我對於另一半的信任或是對女生的好感，真的是從零開始往上增加。比方說，先被女生的氣質吸引，加了三十分，後來發現：「哇，她這個幫忙朋友的舉動真的很暖心。」再加三十分。接著，又意外聊到很多共同感興趣的話題，再加三十分，最後才進展到告白的階段，正式在一起。

原先一直以為全世界都是這樣子談戀愛，但在訪問過一些女性朋友後，她們說：「沒有啊？也許是第一眼覺得這個男生很棒，就替他打了一〇〇分。後來還是會繼續觀察，如果有某些行為我不喜歡，就慢慢扣分。一段時間之後，如果還有八十到九十分，我就有可能會答應跟他在一起。」聽到的當下覺得好不可思議，每個人的想法真的是天差地遠。**原先認爲「建立好感」就像是堆積木的過程，沒想到對另一半的人而言，積木其實第一眼就蓋好了，後續則是透過環境考驗，測試它是否穩固，不會因爲遇到風吹或地震就輕易倒塌。**

這個計分方式沒有絕對的規則，並不是男生就一定屬於「加分制」，或女生一定偏愛「扣分制」，也有兩者並存的可能性。用這樣的概念去思考自己對一個人的好感累積方式，也許能夠更進一步了解自己。

自我解鎖練習

Q1／ 你的好感是屬於加分制還是扣分制？ **加分制 / 扣分制**

Q2／ 寫下三項最容易讓你加分或扣分的事件或特質。

Q3／ 你目前在意的對象，他是屬於加分制還是扣分制呢？

加分制 / 扣分制

Q4／ 寫下三項最容易讓他加分或扣分的事件或特質。

Q5／ 寫下兩個數字：
「他在你心中的分數」&「你在他心中的分數」。

Be true to yourself.

03

為什麼男生總是表現得像木頭？

在關係的互動中，清楚表達自己的需求，才能避免接收不到愛意的遺憾。

我在私訊的小盒子裡，常常收到一種抱怨，抱怨男生為什麼總是接收不到愛意的電波或暗示。「我明明就很明顯的示好，為什麼他還是沒感覺？」要處理這個問題與抱怨，首先，最需要做的是：「清楚說明你的喜好，什麼該做什麼不該做。」

多數男生在相處或追求女生的階段時，最怕遇到什麼狀況？那就是：「搞不懂女生到底需要什麼。」

通常男生在放棄追求一個對象的主因，不是因為「不喜歡了」，而是因為覺得「我搞不懂她在想什麼」。而搞不懂在想什麼，接著延伸成「我不確定這女生是否對我有好感」、「我跟她好像合不來」於是放棄了追求。但真的不喜歡嗎？其實不然。

而這樣的結果，最後就會演變成離開，或是不如跟這個對象當普通朋友就好。這樣的想法又和多數女生的觀念不同，**並非要大家表現出自己很好追，而是該適時的把「喜好跟規則說清楚」讓男生知道下一步該怎麼做。**

分享一位朋友的悲慘故事，他有一任女友月經來的時候，很喜歡喝熱可可，因此後來在追求新對象時，碰巧遇上對方月經來肚子痛到不行，他便依照過去經驗買了熱可可。結果卻換來了女方的白眼，沉默不講話。到底是為什麼？後來才知道，新對象是「那個來的時候不想喝甜的」，但是平常愛喝。

如此細微的差異，男生很難在第一時間就發現，除非這位男生真的是心思極為細膩的天選之人。所以，清楚的說出口，讓對方知道該怎麼做，才有努力的空間，千萬別將「他應該知道」視為理所當然。**偶爾有點姿態無傷大雅，但別總是讓人摸不著頭緒，否則只會加快對方逃離的速度。**

自我解鎖練習

Q1 / 在你過去的經驗裡，通常結束曖昧的原因是什麼？

Q2 / 舉一個你嘗試討好對方，但卻惹對方生氣的例子。

Q3 / 對方生氣的主要原因是 ______________________ ？

Q4 / 是否曾經有過別人討好你，但卻令你生氣的經驗？

Q5 / 若有機會重來，你會如何表達自己的感受而不生氣呢？

Be true to yourself.

04

試著給予更深層又真切的讚美

無論是誰，心中都渴望著背後的努力能有一個人會看見。

如何給予對方「有感覺」的讚美是一種技巧，恭維的話人人會說：「你好可愛、你好漂亮、你對我很好耶！」但更多時候，這些話說出口時，連我們自己都不一定覺得真心。並非想評論大家平時說話虛不虛偽、真不真誠，而是想從中探討，當你想稱讚心儀的對象時，會著重在哪些點？既然都要讚美了，那麼就想辦法讚美到對方的內心深處，進行有效的讚美。

分享一段關於我的故事：某次跟朋友們吃飯時，聽他們興高采烈的討論著交友軟體，覺得似乎還不錯就跟著用了。我在軟體上直接使用本名，有些對象配對成功後認出我是米鹿，多數人一開始的幾句話會是：「哇，你有很多人粉絲耶，怎麼會用交友軟體呢？」、「我朋友也有看你的影片，她也很喜歡你。」聽到這樣的話當然會開心，**但當我真心想認識朋友、認識對象的時候，更希望對方能看見我的本質。**

如果今天聽到的是：「堅持固定每週更新影片，一定很辛苦吧？你很努力耶。」或「願意把這麼多私密的經歷和大家分享，你好勇敢。」前面的話語著重的是我努力後的甜美成果，後面的話語則是看見我努力辛苦的過程，兩者之間的著眼點完全不同。被這麼一說，一定會馬上暈船吧！因為他看到的是內層的我，而非表層的我。

許多時候並不是大家不懂得讚美，而是沒想到可以這麼說。無論是誰，心中都渴望著背後的努力能有一個人會理解。
試著看見對方的本質，給予最真誠的讚美吧！當你這樣做的時候，對方也會這麼回應你。

自我解鎖練習

Q1 / 你最常聽到的讚美是什麼？

Q2 / 你最希望自己收到的讚美是什麼？

Q3 / 為了那個被讚美的特質，你會做多少努力？

1 2 3 4 5 6 7 8 9 10

Q4 / 最近一次被讚美，對方說了什麼？

Q5 / 在這個讚美裡，含有更深層的動機嗎？是什麼呢？

Be true to yourself.

05

愛她就是和她一起吃晚餐

透過貼心的觀察，藉由滿足基本的生理需求，是快速提升好感的捷徑。

有沒有一個最快、最暴力的方法，可以促進某個人對你產生好感？有。而且屢試不爽，非常有用。就是持續陪伴對方吃一頓好吃的，或者買東西餵飽他。

肚子餓的時候吃東西是理所當然的，更是人類難以抗拒的本能。就算今天只是同事在加班累得要命、沒時間吃飯的時候，拎著一包你最愛的滷味回來，你都會感動得要死了，更何況是心儀的對象？

試想，如果被餵食會增加好感，這樣的邏輯背後代表著什麼意思？

1. 對方有察覺到我很累。
2. 對方用最直接的方式照顧我、關心我。
3. 對方滿足了我的生理需求（聽起來有點色，但這邊指的是肚子）。
4. 對方有了解我的喜好（如果你有買對東西的話）。

同樣的，一起享用一頓彼此都喜歡的美食，也能達到相似的目的。為什麼有些東西和朋友一起吃，總是變得特別美味？其實人類的感知力比想像中更容易被混淆，諸如經常聽到的「吊橋效應」，也就是當與另一個人共同走在危險搖晃的吊橋時，我們會誤以為那種危險刺激的感覺是心動。

那麼，陪伴對方吃一頓飯的幸福感，是否也會造成錯覺？**這種從心中油然**

而生的快樂，是因爲和眼前這個人一起用餐才會產生的美好嗎？

我想是的！當然，首先還是要調查對方喜歡的餐廳以及飲食習慣。但適時的使用一起吃飯這招，吃得好一點、浪漫一點，對於推進兩人之間的親密度肯定有所幫助。

自我解鎖練習

Q1 ／ 你在吃何種料理的時候會感到最幸福？

Q2 ／ 心情不好的時候我最想吃 ______________________ 。

Q3 ／ 你喜歡和朋友或另一半一起用餐嗎？ **喜歡 / 不喜歡**

Q4 ／ 和自己單獨用餐的感覺有什麼不同？

Q5 ／ 最近有什麼想要吃的餐廳或料理嗎？

Be true to yourself.

06

關於曖昧這個詞彙

「曖昧」對你而言，是一起玩樂開心就好，還是經常見面、固定約會的關係呢？

曖昧是有界線的試探，還是交往前的試用期？就如同結婚前可能需要先試婚，又或者這是交往前最後的前戲？「曖昧」這兩個字，浪漫的點就在於它無法被準確的定義或解釋，詢問一百個人「曖昧」是什麼，可能會出現兩百種不同版本的答案。

「我覺得要看情況耶！」

「要看我喜不喜歡那個人。」

這就是會多出一百種版本答案的原因，因為一個人所回答的答案可能還不只一種。

這邊想分享一些小知識：「曖昧」也許是華語社會裡獨特的用法，在英文裡，其實找不太到專門形容感情「曖昧」的說法。詢問過在美國長大的朋友，他完全搞不懂「曖昧」到底是什麼意思。按照美式文化的解釋，感情的進程可以大略分為：

第一階段：Go out with someone：跟某人出門玩（無浪漫成分）。

第二階段：Date with someone：跟某人約會（可能還不太認真，但心中對對方有點感覺）。

第三階段：Seeing someone：更認真且固定的與某人見面（但彼此之間尚無承諾）。

第四階段：In a relationship with someone：跟某人確認為親密關係。

那麼「曖昧」這詞在我們心中，可能囊括了第一與第二階段，甚至是直達第三階段，在最後確定之前都叫做「曖昧」，從中文的運用上來說是解釋性極廣的一個用詞。用不同語言的文化去對應我們常用到的詞彙，會發現許多好玩的事情。我甚至問過法國的朋友，在法文裡理所當然地也沒有「曖昧」，甚至沒有「交往」，只有「愛人（名詞）」這個詞呢！

自我解鎖練習

Q1 / 試著用三個詞彙形容曖昧。

Q2 / 曖昧對象對你而言，是單數還是多數？ **單數 / 多數**

Q3 / 曖昧對你而言的定義是什麼？

Q4 / 你的曖昧期有界線嗎？什麼事絕對不能做？

Q5 / 曖昧期中，你的對象除了你之外，
還能同時和別人曖昧嗎？ **YES / NO**

Be true to yourself.

07

曖昧算不算是一種承諾？

曖昧可以是主動的選擇，更可以是純粹的快樂。

曖昧可以持續多久？曖昧是有期限的嗎？我在第一本書中是站在肯定的立場，斬釘截鐵的說：「曖昧會有保鮮期，過了就回不去了。」當時的確是這樣想，但近幾年的想法又產生了一些轉變。所謂的保鮮期，與當時的狀況和條件有關，若有一方覺得沒進展，不想浪費時間，那就結束了。

你一定也曾聽過：「以前聊得不錯的人，後來又回來找我，最近我們就在一起了。」這樣的狀況是借屍還魂的保鮮期嗎？這麼說也許有點誇張，但曖昧確實會消失，你的確有辦法讓它死灰復燃、重開一局。所以本篇文章開頭的那句話，應該改成：**「曖昧會有保鮮期，過了就回不去，但你可以重新製作一份曖昧。」**比起分手後不複合、不吃回頭草，若從前互相曖昧且感覺不錯的對象，多年後願意和我再曖昧一次，好像也無傷大雅。

關於曖昧能持續多久，近期我聽到了一個全新的答案。提出該說法的是友人G，G說：「我想要多久，就可以多久。為什麼一定要有期限？」聽到的當下，第一個直覺反應是：「哇，這個觀念太帥氣、但太危險了，道行不夠接近不得，最後可能會落得體無完膚的下場。」我接著追問G，為什麼會有這樣的想法？

G說：「曖昧是一種在給予彼此承諾前的狀態沒錯，但若彼此都覺得自在快樂，不說破，那也沒什麼不對，沒什麼不好。**曖昧並不一定是等待別人給予承諾，也可以是來自於你的自主選擇，或許有些人選擇曖昧狀態，就**

從不期望最後有結果。而沒有結果，也只是永遠沒到達終點而已，這樣不也很浪漫嗎？」

聽她說完這段話，我好像理解了什麼，那是我未曾有過的想法和思考方式。確實如她所說，從前我們都習慣把「曖昧」侷限在往終點去的思考裡，認為這就是「交往」前的過程，**沒想過「曖昧」本身就是一種被接受的狀態，甚至，也沒思考過曖昧是「純粹的快樂」**。

你喜歡這種想法嗎？你能理解或接受這樣的想法嗎？對你而言，「曖昧」究竟是什麼？

自我解鎖練習

Q1 ／ 曖昧一定要有期限嗎？ **YES / NO**

Q2 ／ 曖昧一定要有結果嗎？ **YES / NO**

Q3 ／ 曖昧對你而言，是快樂的還是痛苦的？ **快樂 / 痛苦**

Q4 ／ 若是很喜歡、很喜歡，能接受永遠沒結果的曖昧嗎？ **YES / NO**

Q5 ／ 曖昧算不算是一種承諾？ **YES / NO**

Be true to yourself.

08

我該怎麼稱呼你？

從稱呼對方的方式中，觀察一個人對關係推進的速度，偏好快熱還是慢熱。

在我的 YouTube 影片中，主要分為兩大類型：第一種是我個人思考的整理和表述，這類型的影片只需要自己面對鏡頭，把想表達的想法跟邏輯講清楚就可以；第二種，是面對合作來賓的訪問與聊天。這兩種類型的影片，在實際執行時的難度不太一樣。

個人表述的影片，會需要花較長的時間整理想法，寫下逐字稿。好處是剪輯的速度較快，不會發生講了一整串之後，最後卻全部都用不上的情況，畢竟開拍前已經整理好該講的內容；但第二種訪問來賓的影片，就需要更多的智慧。好處是不需要自己準備詳細的講稿，但困難點在於：「如何整理出適當且有回答空間的問題，讓來賓說出有趣或有意思的答案？」問題不能太困難，但也不能太簡單；不能太侷限，但也不能漫無邊際，變成一種提問的藝術。

在這樣的前提下，討論曖昧變成了有趣的題目選項。在某次的合作拍攝裡，我問了兩個關於曖昧的問題。

「曖昧的時候會如何稱呼對方？」

對我來說，不能太過也不能太生疏。有些人會選擇直接叫對方「寶貝、Baby」等，幾乎跟交往後沒什麼區別的暱稱，這裡能看出這個人對於曖昧的態度是什麼。如同前面所說，有些人愛了就是愛了，沒有區分曖昧還是交往，反正頭都洗下去了，就是這樣。更接近：「我已經愛你，愛不愛我你自己決定」的感覺。

我是一個界限感非常明確的人，面對這個問題常令我無所適從。但在那次的拍攝中，我得到一個很棒的答案：「叫對方的本名。因為一定要夠熟的朋友才會這樣叫，這也算是一種拉近關係的表現。」當然也聽過其他的答案，像是叫對方的英文名字。在綽號與寶貝之間，我會選擇叫本名，是一個折衷且恰當的做法。你呢？你會怎麼稱呼曖昧中的對象？

隨著曖昧狀態地推進，你與對方的稱呼也可能會有所改變，從「欸」到英文名字，再到中文全名，最後只叫兩個字。從對方稱呼你的方式去感受兩人靠得有多近，也是另一種觀察指標。

自我解鎖練習

Q1 ／ 曖昧時期你會如何稱呼對方？

Q2 ／ 你希望對方如何稱呼你？

Q3 ／ 一段曖昧期能持續多久呢？

Q4 ／ 曖昧期間出門時，會牽著彼此的手嗎？ **YES / NO**

Q5 ／ 會把曖昧對象介紹給朋友認識嗎？ **YES / NO**

Be true to yourself.

09

約會對男生來說很難嗎？

大聲說出心中理想約會的樣貌，讓陌生的兩人慢慢熟悉彼此的步調。

從小到大，我自認算是一個心思細膩的男生，總是會留意到許多他人所忽略的小動作，甚至是女生臉上細膩的情緒表現。但對於「約會」這件事情的想像，需要學習的地方還很多。雖然這本書大部分是從寫給女性讀者的角度為出發，但在這篇文章中，我需要幫眾多男性們說說話：「學習如何約會，對男生而言真的很難。」

最一開始，我以為所謂的約會，是下課十分鐘見個面就算約會。後來才知道，原來約會是放學要陪對方走路回家，才算約會；再來我又知道，回家的路上，中途要停在公園或操場說說話，才算數。如果只有走路沒講話，那不叫約會。

最後，我們會約在校外的圖書館，讀書前先吃頓晚餐，九點圖書館趕人後，兩人在外面牽著手講講話，我以為這算是很棒的約會了。但分手後女方才說，那不算，她一直希望我會送她回家，才算是真正完整的約會。

學生時期的心路歷程，現在看起來仍然適用。約會這件事，男生覺得自己一直在進步，但女生的心裡其實還有更多需求沒有被滿足。演進到了此刻，身為三十代男子，處在現代社會中需要面對的議題則更多。從約會要選擇平日或假日，平日要選在離對方公司或住所近一點的地點，時間不能太長，否則會累；假日要選遠一點的地方，時間較長，才有約會的儀式感。再到約會的禮儀規則，進展到什麼程度要選擇什麼樣的餐廳？平時要準備幾個口袋名單：甜點店、咖啡廳、火鍋店、酒吧等，當然還有約會中的各種應對進退，例如：要不要接對方出門？交通要選擇租車、搭車還是坐捷運？去遠一點的地方要搭火車還是高鐵？中午出門的話，走路可能會流很多汗？

前陣子網路上曾有個紅極一時的「直男約會行程討論」，募集男網友數個約會行程方案，請大家票選哪一個最讓女生喜歡。其實也沒有喜不喜歡，只不過是選出某一個尚可接受的選項。有些是天氣太熱、走太多路，被評論是想讓女生脫妝到不成人形？有些則是看起來如外國遊客來臺觀光的旅行團，安排的過度密集且充實，被喻為有如行軍般照表操課。

進一步拆解這個問題，當妳對男生下達「安排約會」這個指令時，男生會有種「我要完成任務的感覺」。於是，自然會以「一整天完整的時間安排」、「盡量讓妳覺得豐富有趣」為前提下來思考。所以才會出現很像小學生校外教學，幾點到幾點要做什麼的戰鬥行程。

仔細瀏覽了那則討論約會行程的貼文，看到許多網友回覆，歸納出多數女網友吐槽的點在於：「為什麼要安排得這麼滿？」、「這樣不會太累嗎？」、「我是去約會不是去臺北一日遊觀光團耶？」我絕對明白這幾句話在講什麼，翻譯如下：

「**約會是一段互相認識的時間，地點和行程即便重要，那也只占了一半，重要的是在這個過程中，我們可以更進一步認識彼此，**我們可以聊天、感受約會的氣氛。但這個行程，卻讓我以為你是想帶我認識臺北市。」

男生很容易根據字面上的意義而行動，所以不如試著修改最初的指令。從「禮拜六約會給你安排囉？」修改成「禮拜六我想要一個舒服的約會，好好和你相處，找間餐廳坐坐，再去一個地方就好，大概是中午過後十二點到六點，這樣好嗎？這禮拜比較累，不想走太多路。」先描繪出心中大略期望的時數、時間、氣氛、行程安排的方向，讓對方能有更高機率安排出你心中想像的完美約會。

這邊並不打算探討誰對誰錯，只是每個人對約會的想像真的有千百種。尤其是在前幾次的約會，風險更大。**因爲想進一步認識這個人，才要約會；因爲還不夠認識，所以約會步調容易不一致，更需要溝通。**

但人們卻時常反其道而行，在約會初期因為害怕尷尬或害羞，而不敢說出自己的約會需求，抱持著姑且一試的心情去賭一把，心裡想著，還是去見見這個人到底是什麼樣子。若對方能見機行事、隨時調整行程，就相安無事；最怕遇到一更改行程就生氣不開心的情況，這樣處理起來就會比較棘手了。

自我解鎖練習

Q1 ⁄ 和一個人認識多久後可以開始約會？

Q2 ⁄ 約會時間選在白天好還是晚上好？ **白天 / 晚上**

Q3 ⁄ 心目中最理想的約會地點是哪裡？

Q4 ⁄ 如果這個人沒達到你的基本條件，你會和他約會嗎？

YES / NO

Q5 ⁄ 寫下心中理想的一天約會行程該如何分配？
你希望可以做哪些事？

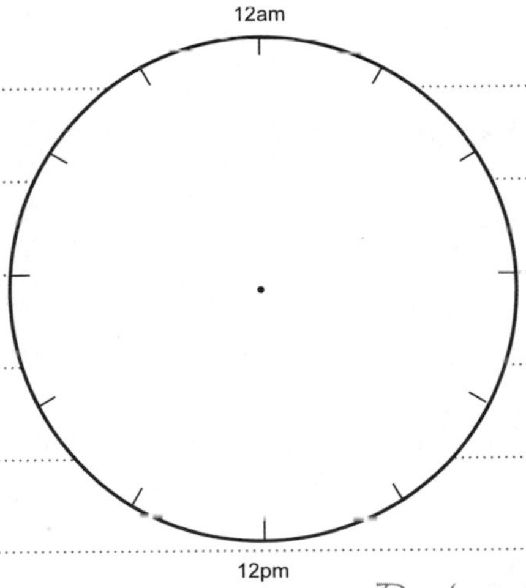

Be true to yourself.

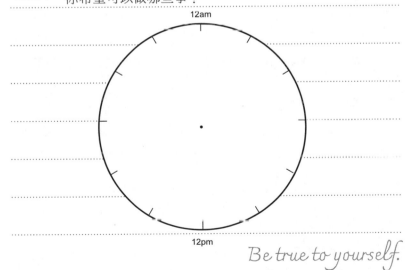

10

第一次約會，該讓男生付錢嗎？

無論是AA制還是輪流付錢制，記得以不增加彼此心理負擔爲目標，才是最理想的狀態。

接下來，將聊聊幾個約會過程中最撲朔迷離的事件。以下言論僅代表本人立場，可能因時空、國情、對象、年齡（你的與他的）條件等不同，而有所改變。

約會是由誰買單，是一個爭論不休的議題，算是我職業生涯裡，少數沒有越辯越明的感情問題之一。我曾遇過一個女生，暫時稱她為G。G的經濟條件極好，在保險業工作，平常開BMW代步，但她還是會讓男生付錢。雖然約會幾次後沒有繼續發展，但G還是願意和我分享她的感情觀。她解釋著，一切都跟自己賺多少錢或男生賺多少錢沒關係，在她的觀念裡，兩人出去約會就是要男生付錢，女生理應被心儀的男生寵愛與照顧。換句話說，因為對你有好感，才讓你付錢，G說：「如果跟你AA制或主動付錢，只有兩種狀況，就是我們還沒進展到下一個階段，或者我不想欠你，對你沒有興趣。」

當然，我也聽過完全相反的說法，像是：「就算我喜歡他，我也不想欠男生，會主動提AA制。」、「二人輪流一次，這樣才有下次見面的機會。」、「我喜歡男生多付一點點，讓人有被照顧的感覺。」達成某種眾說紛紜，無法收斂成完美公式解答的情況。

於是，後來只要有人詢問這題，我的回答就變成：「第一次約會時，男方只要在整個過程中，以最低限度不要犯錯為目標，就是最佳解。」什麼意思呢？第一次約會時，我傾向別安排太多行程，約在咖啡廳或吃頓晚餐就行了。對雙方而言都沒有太大壓力，再難聊，也就是一頓飯或一杯咖啡的時間。聊得起來，再去下一間店，聊得悶就我有事先走。

因此，關鍵的第一戰，建議選擇自己負擔得起的用餐地點，無論是咖啡廳或餐廳。不用太正式，但也不能太隨便，非連鎖的獨立店家是不錯的選擇。兩人的共同消費預計六〇〇元上下是較保守的範圍，既不會讓女生產生壓力，男生也不會有過多的預設立場或心理負擔。不管是否希望和這個女生有下一次約會，我都會主動去買單，也是謝謝女方願意花時間和我用餐。若女生堅持要付錢，我會說：「不如找下一間店，請我喝個飲料就可以了。」

有的男生朋友認為第一餐一定要吃得氣派、價位夠高，才能展現自己的誠意，這點倒不是絕對。費用過高的餐廳，有時反而會讓女生無所適從，畢竟有時高價餐廳代表用餐時數拉長，服儀的嚴格要求等。對方還不確定是否喜歡你就得煩惱這些事，好像有點太辛苦？而以男生的角度來看，也曾聽過：「都請女生吃這麼貴的餐廳了，為何不跟我約下一次會？」**諸如這類把餐費當成等價交換的心態，建議還是省起來，既然要請客，就請得心甘情願。**

近期，也有男生朋友提供了一種新的思路：「不論如何，從第一次約會開始，我堅持AA制或一人付一次，因為不想遇到不願意和男生一起分擔約會費用的女生。」這個想法倒也沒有不對，他已經找到自己在關係中不可退讓的痛點，這麼做對他而言，反而成為一種篩選機制。

自我解鎖練習

Q1 / 第一次約會時，你希望請客還是被請客？
理想中的付費方法是？

Q2 / 第一次約會時，你能接受 AA 制嗎？

Q3 / 第一次約會吃飯的金額，在多少以內合理？

Q4 / 如果由你全額買單，你的想法是什麼？

Q5 / 如果你被請客了，你的想法是什麼？

Be true to yourself.

11

有效約會VS無效約會

心中產生了美好想像，
有成功儲存與這個人的良好記憶，才是有效約會。

你身邊也有擅長找新對象約會的朋友嗎？我身邊就有這麼一位神奇的女子，簡稱她為L小姐。L小姐如果進入正式關係後，就會乖巧的像貓一樣；但只要處於單身狀態，就會進入誰都擋不住的階段——交友軟體三開，幾乎每天都排好各種約會飯局，她還能鉅細靡遺的分析每個交友軟體的不同用法、用戶構成、操作技巧、實用心得等。

有一次，趁著朋友們喝比較多，我藉此和L小姐展開了深入對談，非常好奇她的約會心態是什麼。她告訴我：「年過三十了，也不是求偶焦慮，但有機會就想認識多一點人，想從人海裡找出好對象，最有效率的方法就是認識越多人越好，所以才會見這麼多人。」

L說：「一年見過的人，沒有一百個也有五十個，後來我學會把約會區分成『有效約會』跟『無效約會』。」第一次聽到這個說法時，忍不住問這是什麼意思？

有效約會：在約會過程中感到開心、彼此有互動，有更深入認識這個人，期待和這個人的下一次見面，心中產生了美好想像，成功儲存與這個人的良好記憶，留下印象。並藉由聊天試探，找出兩人彼此間的共同點或共鳴，不論是喜歡哪個導演、哪首歌或任何一種興趣都好，產生共鳴非常重要。

無效約會：除了約會當下的互動之外，其他事情都顯得索然無味。整場約會只記得電影好看、餐廳好吃，但事後根本想不起來那個人說過什麼，也不記得這個對象有哪些特別之處，經常發生把這個人與其他人搞混的狀況。總之，約會就像在跑行程，約完會後有一種「我們今天到底做了什麼？」的感覺。雙方話不投機，猶如各說各話、各自簡報，或是因為男生過度緊張，只能自顧自的講自己的事情，無暇顧及女方的感受。

無效約會聽起來有點哀傷。後來我試著把這個概念延伸，詢問身邊的朋友與觀眾，才發現不只認識人的階段裡會出現「有效約會」與「無效約會」，交往後的情侶，一樣會出現「有效約會」與「無效約會」。

在區別「有效」與「無效」之前，不妨再次思考約會的目的是什麼。總之，除了肉體之外，你還對「**對方的靈魂感興趣，並希望對方更了解自己**」，想進一步知道能不能和這個人相處或發展長期關係。如果只是想找人一起參與好玩的行程、踩點美味的餐廳，而缺少對對方更近一步的了解或認識，說真的，這只能稱為「玩伴」而非「約會」。

若我們將目標鎖定在：「了解對方的靈魂」，約會的目的會清晰許多。如果你不善於聊天，在此推薦幾個，能有效幫助在約會當中更深入了解對方的話題：

1. 誰是你最尊敬或最崇拜的人，為什麼？

這個問題能幫助你了解對方心中想追求的理想樣貌是什麼，重視的特質或才能又是什麼。

2. 最尷尬的約會經驗？

幫助你釐清在約會中雙方在意的事情是否相符，他在意或不喜歡的事物與行為，和你走在相同的方向嗎？

3. 如果中了五百萬的樂透，會怎麼處理？

這能讓你知道他的中長期目標是什麼，在沒有經濟壓力下的理想生活是什麼樣子。

4. 如果你有一個月，可以和任何人、住在任何地方、做任何事，你最想做什麼？

這題進一步在沒有地理環境的限制下，對焦彼此的理想生活。以及他會不會帶家人一起去生活，和家人的關係是否緊密。

5. 如果你可以改變過去的一件事，最想改變什麼？

理解對方的過去或是創傷經驗。

6. 幫對方想一個當 YouTuber 的名字。

這題或許看起來很像是朋友間在開玩笑，但其實是整理對方對你的理解或觀察，當然還能看出是否具備幽默感。

7. 請對方分享一本最近改變他最多的書。

了解對方的思考模式、生活方式、休閒喜好等。

不管是認識新朋友或嘗試和交往對象有更深層的認識，都可以使用前面的話題多聊聊。希望大家都會有新的發現，展開更多「有效約會」。

自我解鎖練習

Q1／ 在上一次的「有效約會」裡，你們做了什麼事呢？

Q2／ 聊了什麼或做了什麼，使你印象深刻？

Q3／ 前面提供的話題，哪個是你最想回答的？

Q4／ 上面哪個話題，是你最想問目前心中最在意的他？

Q5／ 什麼樣的情況下，會讓你覺得這是「無效約會」？

Be true to yourself.

12

不主動約我，是不是對我沒興趣？

只要能和你見面，其他的一切都不重要，只想珍惜與你相處的時間。

分享一則雙魚座女生朋友R，愛上獅子男L的約會故事。雖然本人對星座小有研究，但還是保持中立，這邊寫出來只是方便大家建立人物印象，方便閱讀。

前情提要就略過不提，這邊要討論的是R對於L先生的抱怨點：「為什麼他跟我約會，從來不回答好或不好？也不跟我說明確的時間？」

第一個困惑點：不主動約我，是不是對我沒興趣？

R說他們剛認識不久，但L先生從來都不主動約R出門。目前約會三次，都是女方主動提起。

我說：「妳約了三次他都到，感覺蠻有誠意的啊？」

R說：「可是、可是他……」

R的意思是，L就算答應「要出門」，卻從不選定時間或地點，也不思考要看哪一部電影。一切的一切，給R的感覺是「他對我其實沒有那麼在意，所以對於約會的內容都很隨意或不在乎。」約禮拜五或禮拜六晚上？都可以；在信義區看電影，看完吃飯好嗎？都好；我們要看哪部電影？挑妳喜歡的那部就可以了。

這樣的行為可能有兩種解讀：

1. 男方並沒有在意這場約會，他不想給予任何想法，也沒有參與這場約會的規劃。
2. 男方完全相信女方的安排，去任何地方都好，他將時間全部交給女方。

第二個困惑點：他不參與行程規劃是不是不在意我？

按照第一直覺，大家會認為獅子男L是哪一種想法呢？直覺告訴我，男方的想法是第二種。因為若是第一種，根本就不想花時間跟女生約會，如果我對妳沒興趣，連約都不想約。若我對妳也稍微感到興趣，但還沒到那麼有興趣，至少這場約會要去我想去的地方，否則也太浪費時間。在排除前面這些狀況之後，答案自然會導向想法二。

他不是不在意妳，而是只要能和妳見面，其他的一切都不重要。時間妳選，妳有空我就可以；電影也給妳選，因爲能和妳看電影就是開心的事；晚餐吃什麼都好，只要和妳吃飯都是值得珍惜的。

第三個困惑點：該如何表達我的感受？

聽到這裡，才發現R從來都沒有對L表達過內心的真實感受。R並不需要直接坦承自己內心的慌張，但有幾個簡單的方法，能讓這些疑慮與擔憂獲得解套。

「下次約會，行程讓你安排好不好？我想去你最喜歡的餐廳，陪你去你想去的地方。」

說完這句話就沒事了，男生在許多時候比想像中更單純。也許認為將約會主導權交給你，是對你的一種尊重和肯定。別懷疑，真的是如此。只要大略提到心裡的想法，也就是：「**請你規劃行程，會讓我感受到被喜歡。**」就沒事了。

如果你也有這樣的困擾，不妨在接下來的約會裡試試看。你希望對方怎麼做，曾經試著說出來和對方討論嗎？還是只停在自己的世界裡胡亂猜測？提出要求並沒有不對，約會就是讓雙方更靠近的過程，如果對方不能接受這樣的溝通，只證明一件事：「他根本就不是對的人，儘早離開他吧！」

自我解鎖練習

關於初期約會

Q1／你喜歡自己主動約，還是等對方約？ **主動約 / 對方約**

Q2／對方安排完所有行程，會讓你覺得被喜歡嗎？ **YES / NO**

Q3／若對方和你討論行程，你的感覺是什麼？

Q4／在約會初期，有什麼地雷行為是不能接受的？

Q5／如果男生不主動規劃約會行程，你會對他有什麼想法？

Be true to yourself.

13

千萬別把話藏心裡，把自己演成了別人

請相信自己一定會讓對的人喜歡，只是此刻尚未遇見。

經過前面關於「約會」的各種分享，想再次提醒大家，約會在你們心中的定義為何。對我而言，約會的目的是：「**測試有沒有辦法和這個人相處，並推進和他的關係。**」多數時候，約會出狀況的原因，是因為我們太渴望達成「推進和對方的關係」，所以在不知不覺中勉強自己、偽裝自己，強迫自己做一些並不一定喜歡的事。

例如，前面所提過的約會問題，不論是約會行程的安排、約會的付費方式，甚至到由誰提出約會的邀約等，若換個角度想，就會單純變成「我和這個人有辦法相處嗎？彼此對約會的認知一樣嗎？」當把問題整理到這麼簡單，就不易衍伸出後續的各種困擾，也不需要花過多時間揣測對方的心情與想法。

如果遇到兩人的想法不一樣，就試著提出自己希望對方怎麼做。很多人害怕在約會初期提出要求，會造成關係或好感的後退。若已經約會到第三次，對方依然對你沒興趣，其實用不著花太多時間在約會。既然彼此的目的都是「測試我有沒有辦法和這個人相處」，在第三次約會時提出自己的希望和需求，觀察對方如何對應或調整，是一個非常適合的時間。

當然，你可能會說：「如果對方因此生氣該怎麼辦？」

試著將重點再次放回「約會的目的」，也就是「自己是否能和對方相處。」

溝通，必然是交往後需要面對的課題，更是約會中的一部分。若你有話想說卻不講，心裡有所埋怨，這樣的行為便是一種偽裝。

約會過程，最怕的就是不小心把自己演成了一個不像自己的人。

也許你可以用盡各種方法，把眼前的人拐到手，但到手之後呢？難道要偽裝一整年或一輩子嗎？為什麼交往前明明沒問題的事情，現在都成了問題？明明交往前都是你在安排約會行程，但在一起之後就開始抱怨？

也許你會說：「因為我不敢提出要求，害怕被拒絕，擔心對方會不喜歡我。」

試著將這個想法獨立出來思考，別把這兩件事當成同一件事看待。對方是否會拒絕你的要求，也許只是單純針對「約會」的邀請能否接受，不一定和喜不喜歡你有關係。例如：「下次想安排一趟兩天一夜的約會小旅行。」對方也許覺得還沒在一起就不應該過夜；或是最近剛好工作忙碌，無法答應時間較長的行程。但真的代表他不喜歡你嗎？並不一定。

大膽地提出自己的約會需求，並觀察對方會如何回應。因為約會就是一個彼此試探的過程，沒有絕對的對錯，請相信自己一定會讓對的人喜歡，只是現在尚未遇見。

自我解鎖練習

Q1 / 回想最近的約會經驗，有什麼你想提出的要求嗎？

Q2 / 試著預想對方會如何回應你的要求？

Q3 / 若是該要求被拒絕了，真的對後續發展有影響嗎？

YES / NO

Q4 / 生命中最遺憾的一次，被拒絕的經驗是什麼？

Q5 / 你認為自己放下了嗎？ **YES / NO**

Be true to yourself.

14

你喜歡的聰明是哪一種聰明？

「聰明」可能是反應靈敏或求知欲旺盛，你知道自己喜歡哪一種嗎？

挑選對象的第一個條件是什麼？外貌、性格、眼睛、收入、身材？或者是某一種門當戶對，你的第一直覺會回答什麼？對我而言，是「聰明」。

這是我回答朋友的公式解。在很長一段時間裡，始終以為大家聽得懂我在講什麼，明白所謂「聰明」的含義。但後來證明，每個人對於聰明的解釋都不一樣。

「聰明就是學歷很好，臺大畢業或念到碩士之類的。」

「聰明是智商高，IQ很高。」

「聰明是思考很靈敏，腦子動很快、想法很多。」

「聰明是被比較出來的，看跟誰比。」

沒錯，跟霍金待在一起，大多數的你我都會變笨蛋。而我其實也不是真的要求另一半有「那麼聰明的聰明」，這條所謂「聰明」的條件，到底想要表達什麼？

認真想想，聰明在我的世界裡，囊括了不只一種特質。其中一種特質，是接近思考敏捷，對周圍的人事物具有細微的觀察力，能在多數的場合或對談中，做出適當應對與進退。而或許，更接近這個特質的形容，是「善於閱讀空氣」。而第二種特質，則是希望這個人可以和我一樣喜歡需要動腦的消遣娛樂，例如：桌遊、密室逃脫、討論科幻電影、喜歡複雜燒腦的電影等，或是跟得上最新的科技跟資訊，能和我一來一往的討論，對事物皆懷抱著探索與求知的欲望。這條其實也不太算是聰明，嚴格來說是「喜歡且不排斥動腦」。

但總不能每次向朋友解釋的時候，都要大費周章地打上這麼長一串。因此，最後我下意識的把這兩條我心中喜歡的特質濃縮成「聰明」，而這明顯和多數人定義的「聰明」有所不同。

希望大家能思考自己經常掛在嘴邊的「喜歡的特質」，背後所代表的真實意義是什麼。其中還有更多細節可以補充或釐清。**有時候我們找不到，或者遇不到自己喜歡的對象，很可能是從來沒有搞清楚自己想要的到底是什麼。**因此，別再抱怨朋友每次都幫你介紹奇怪的對象了，因為你們對於彼此交友條件的理解，根本就是南轅北轍。不是他不會找，而是我們從沒說清楚過。

列舉一些經常聽到的條件，例如「幽默」。幽默對你而言，是什麼樣的感覺？

「幽默就是會逗我開心，講笑話給我聽。」
「幽默是對事物有不同的理解，能從中找到有趣的地方。」
「幽默是能轉換看待事物的角度，對某些負面的狀況或悲劇處之泰然。」
每個人對幽默的理解可能全然不同，你認為好笑的笑話，都不一定能讓身邊的每個人都開懷大笑了，怎能期待光用「幽默」這個詞，就能充分對焦你與另一個人對「幽默感」的見解是否相同？

不妨試著擴充或擴寫心中對於理想條件的定義，多用三句話去解釋「聰明」、「幽默」、「善良」、「誠實」等辭彙。會發現，原來這個世界對單一詞彙的理解有多麼不同。善良，是對每個人都要善良？還是對自己人善良就好？誠實，是坦誠且毫無保留地把所有祕密都分享給彼此？還是當某方詢問時，一定要誠實告知即是誠實？事件的時間、空間、對象、先後順序，都有可能影響到這些詞彙的詮釋，你真的有好好想過了嗎？

而至於我條件裡的「聰明」，後來發現並非是純粹智商上的聰明，或善於閱讀空氣的聰明。有些人的聰明會顯得他咄咄逼人或高高在上，但我並不喜歡這樣的展現。因此，我理想中的聰明，是以「善良」為前提。出發點是希望別人更好，而不是踩踏他人以彰顯自己的思路敏捷。「聰明」這個詞，對我而言還必須包含著同理心、共感力以及善念。

「我知道怎麼做，你不要煩我，讓我做完我的事。」這是聰明，但我不喜歡。

「我知道怎麼做，我來試著幫你，我們一起解決。」這是我希望另一半有的善良。

讓我們一起釐清，心中對於另一半的理想條件吧！

自我解鎖練習

Q1 / 圈選出 5 個，在選擇另一半時第一優先考慮的條件。

工作　年紀　善良　幽默　收入　臉蛋　價值觀　溝通能力

可靠性　誠實　事業心　家庭觀念　兩人所處距離遠近　教育程度

Q2 / 試著解釋其中一項條件。
(如：我希望他的○○是○○○○)

Q3 / 當你選擇對象時，還會特別注意什麼其他細節嗎？

Q4 / 有什麼條件是你過去很在乎，但現在不在乎的？

Q5 / 如果有，是什麼原因促使你改變想法？

Be true to yourself.

15

如何知道我欣賞的關係特質？

身邊圍繞著什麼樣的朋友，便反映著自己是什麼樣的人。

如果要直接回答：「理想中的另一半要具備什麼樣的條件？」對多數人來說，也許不是件容易的事。試著把難度降低一些，將題目改成：「理想中的朋友，要具備什麼樣的特質？」還不到結婚或以身相許的程度，先從願意和對方交朋友開始，或許會更容易一些。

我蠻相信一句話：「要了解一個人，就先看看他的朋友圈。」不只能運用在別人身上，也適用在自己身上。曾經有一任對象，我帶她認識了身邊交情較深的朋友們後，她對我說：「你的朋友都跟你一樣，很好相處。」從這句話當中，清楚理解了我在她眼中的特質是什麼，也同時發現自己選擇來往的朋友，哪些特質比較突出。

對我而言，不喜歡朋友之間有太多的利益糾葛或生意往來。此外，我也喜歡大家為了某種興趣或理念聚集在一起，而不是單純的吃飯聊天，能一起進行某個活動，或一起探索身心靈的體驗，這樣的方式能讓我產生一種「獲得夥伴」的感覺。

試著整理出幾個朋友們共通的特質：有共同興趣、好相處、不功利。**而這些特質，有很大的機率會成爲挑選另一半的門檻，畢竟你愛的人，很難不是你的朋友，對吧？**

自我解鎖練習

Q1 ／ 寫下三位與你最親近的朋友。

Q2 ／ 觀察他們身上有什麼特質和共通點？

Q3 ／ 這些特質與你相似嗎？你喜歡嗎？

YES / NO ｜ 喜歡 / 不喜歡

Q4 ／ 你認為這些特質可以作為伴侶條件的參考嗎？

YES / NO

Q5 ／ 你認為愛情中包含友情嗎？說說看你的想法。

Be true to yourself.

16

誰是你最欽羨的戀愛關係範本？

你心中嚮往的是平淡安穩的關係，還是充滿驚喜與變動的生活？

接著，試著進行第二階段的探索，這次不只是觀察朋友，而是看看身邊已經結婚的朋友，或是你認為他們彼此很相愛、很羨慕的情侶朋友，身上具備什麼樣的特質，有怎麼樣的溝通模式，你很喜歡他們的原因又是什麼？甚至是公眾人物或長輩也適合作為參考。

我身邊有一對朋友，他們是大學時期的學長和學妹，出社會後才在一起，感情一直發展的很穩定，沒有什麼大風大浪，最後也穩定地走向婚姻。有時候我會反思自己，並羨慕著這樣的關係曲線。這是我生活中從來沒有發生過的安穩，因為工作的變化性較大，我總是認為另一半得是能夠理解我工作型態的人，或對方未來也想自己創業，才有辦法接受工作時間如此不確定的生活方式。但偏偏這樣的觀念，和我心中羨慕的關係範本特質背向而馳。

那麼，我理想中希望的關係特質到底是什麼呢？無論現在想到的特質，與自己當下的狀態相符或違背，都能作為很好的參考指標。接下來，希望透過這些思考練習，協助大家把理想對象的輪廓，整理得更加清晰。

自我解鎖練習

Q1／ 寫下一對你最欣賞的情侶或夫妻
(現實生活圈裡的最恰當）。

Q2／ 他們身上具備了什麼樣的特質？

Q3／ 這是你在關係中想要的嗎？ **YES / NO**

Q4／ 有哪些事能讓你明顯感受到浪漫或覺得羨慕呢？

Q5／ 問問看他們，認為你適合什麼樣的伴侶，
寫下對方給你的建議。

Be true to yourself.

CHAPTER 3

相愛過程中，才發現的大小事

Question

承諾，會使人變得更強大嗎？

YES / NO

01

愛是有所選擇，而不是沒有選擇

只要想到你，心中就充滿平靜與知足，
你是此生不後悔、無遺憾的唯一選擇。

在關係中走過了自我探索、約會相處，即將面臨下一個階段——穩定交往。當準備進入穩定關係或交往初期，該如何確定自己是「真心想和這個人走下去？」、「自己真的愛他嗎？」而非一時的暈船昏頭。接下來，想透過幾種經過自我梳理後所發現的跡象，不論是用來觀察自己或對方的態度，都有其準確度，若不是真心誠意要交往，這些想法或跡象很難出現。

首先，兩人在一起，雙方都不覺得自己的生活有什麼遺憾。我經常在影片裡提到：「**戀愛是有所選擇，而不是沒有選擇。**」選擇彼此，並非屈就或不得不選，而是因為知道你是最好的，所以留在你身邊。就像多元宇宙一樣，生活中明明有一百種可能，但他卻選擇了你，因為他知道你是最正確、最美好的決定，所以決定在一起，攜手往更好的未來前進。

那麼，該如何判斷？**不妨聽他談起你們之間的生活時，語句中是充滿肯定還是遺憾。**

回顧過往，生命中必然有些遺憾，例如：工作上的抉擇、該不該出國唸書等。你的心中一定這樣想著：「早知道我就選擇另一個，也許會有更棒的生活。」我有一位很要好的朋友，大學畢業後，前往美國進修美術視覺設計，雖然現在並沒有過得不好，但每次見面吃飯時，總是會說：「如果我在美國多留幾年，也許現在就不一樣了。我可能會是皮克斯的動畫師或藝術家」。

若轉換成戀愛的角度來看，假設遇見一個對象說：「如果當時候沒有選擇跟你在一起，而是回去找前女友，也許現在早就有小孩了。」千萬不要選擇他，因為愛你的人不會這麼說。

還沒結婚，就對自己的選擇感到後悔，這樣的對象怎麼可能會對關係負起責任？有任何人逼迫他做這個選擇嗎？相信沒有。若這個人選擇跟你在一起，卻總是抱怨自己過得並不是心中的理想生活，那麼他絕對沒有帶給兩人幸福的勇氣與決心。選擇待在你身邊，卻又嚮往外面的世界，你充其量只是他的備胎罷了。

真心愛一個人，是當他和朋友談論到你時，話語中必定充滿了期待與力量，即使有能力選擇另一種生活，但他決定和你一起幸福走下去，才是負責；如果對方真的愛你，**只要想到你，便能感受到平靜與知足，明白自己是如此富足，並沒有失去任何東西，你就是他此生最無遺憾的唯一選擇。**

自我解鎖練習

Q1 ／ 生命中曾經讓你感到遺憾的選擇是什麼？

Q2 ／ 若再給你一次機會，你會怎麼選擇？

Q3 ／ 有任何一段感情，在你心中留下遺憾嗎？

Q4 ／ 如果有，寫下一段話給這段給感情，好好道別。

Q5 ／ 在這段關係中，你是有選擇的，還是別無選擇？

有選擇 / 別無選擇

Be true to yourself.

02

他有沒有把你放到未來裡

最平凡又浪漫的事，就是不知不覺中將你納入我的未來。

要判斷一個對象有沒有對你認真，其實不難，但不要直接問：「你會不會永遠跟我在一起？」、「你會不會把我當成結婚對象？」、「你對我是不是認真的？」遇上這種問題，若對方還說出令人失望的消極回答，除了太傻、太直之外，也別無可能。正解當然是：「是！會！我是認真的！」哪個男生這麼缺乏求生欲？過於直白的問法，就像老闆問你上班有沒有認真一樣，當然會回答「有」。

最關鍵的，其實是觀察對方下意識或無意識中的回答與行為。如果想知道對方是否有與你長遠走下去的打算，**透過側面觀察及對話的時候，看他有沒有「主動且無意識地，將你放入未來的計畫中」**。

例如，前陣子Coldplay在高雄舉辦演唱會。如果這個對象連問都沒問，直接將你囊括進高雄行程中，說：「我們一起去玩三天兩夜，順便找朋友。」當然，這個前提建立在你是Coldplay的忠實粉絲。甚至把行程住宿安排好，代表他下意識中，已認定兩人會同進同出，進行各種計畫時你都會在他身邊。

或是你們曾經談論過某個夢想，等存夠一筆錢就要去北歐看極光，如果對方時不時就會提到：「看看這間咖啡廳，感覺你會喜歡。」仔細一看，是歐洲當地的咖啡廳，代表他已在腦內構築「你們在那間咖啡廳的樣子」。最重要的是，這個美好的畫面早在腦海中想像過數次，兩人在一起的模樣是如此幸福又開心。

這是我認為和一個人在一起最浪漫的事，**自然而然地把對方納入規劃裡。如果彼此相處不舒服，或是容易感到負擔，是不會出現這些畫面的。越稀鬆平常的小事，反而是最真實的指標。**相反的，如果這個人已經不主動向你提起，接下來該一起做些什麼，就該多加留意這個警訊了。

自我解鎖練習

Q1 ／ 當你戀愛時，會不由自主的想像到和對方的未來嗎？

YES / NO

Q2 ／ 寫下一件你最想和現在對象一起做的事？

Q3 ／ 對方曾提到未來想和你一起做些什麼嗎？是什麼事呢？

Q4 ／ 他是否實踐了他的承諾？ **YES / NO**

Q5 ／ 制定一個計畫或目標，和現在或未來的對象一起完成。

Be true to yourself.

03

承諾，是使他更強大的事

將珍貴的承諾給予最珍惜的人，是真心付出不是犧牲。

承諾是一種犧牲嗎？

在過去某段時間裡，我的確有過這樣的想法。談戀愛要對一個人負責，要對彼此忠誠、誠實，好像就失去了和其他人交朋友的機會。誇張一點的說法，像是為了一棵樹，燒毀並放棄了整片森林。在傳統觀念中的婚姻，是兩人犧牲了彼此的自由，換取給予雙方的承諾。但，我想那是比較消極的想法，真正在乎雙方關係的人，會將承諾視為一種強大的力量。

在乎你的人會相信，兩人的組合比單獨一個人來的更強大。他知道你有很多機會，但是你因為他的個性、他的溫柔、他的獨一無二而選擇了他，他知道當選擇和你在一起，便有能力和勇氣達成更多目標，朝更好的方向邁進。如同前文所提，兩人在一起是一種選擇，而不是別無選擇。

責任雖然難免令人感到負擔，但責任也是一種讓人變得強大的動力，承諾更是。

一個人若把自己的承諾當成最珍貴的禮物，獻給最珍惜的人，不會覺得有所犧牲；而不在乎的人，看著「承諾」只會想到「限制」。要跟你在一起，代表我要向你負責，不能跟別人約會，某種程度上被剝奪了自由。

承諾，讓相愛的兩人能在彼此需要的時候互相扶持，讓另一半真實感受到有人成為他安心的避風港，就像遊戲裡的戰士，找到了最信任的補師，小狼找到了小櫻、小智找到了皮卡丘。承諾當然是加分題，絕非扣分。

自我解鎖練習

Q1 ／ 你認為承諾是加分還是扣分的選項？ **加分 / 扣分**

Q2 ／ 你聽過最美的承諾是什麼？

Q3 ／ 承諾對你而言的意義是什麼？

Q4 ／ 你認為承諾會使人變強大嗎？ **YES / NO**

Q5 ／ 寫下你認為會或不會的原因。

Be true to yourself.

04

你還欠我一個告白

每個人在一起的界線都不同，正式告白代表兩人站在共同的起點，是最甜蜜的宣示。

「在一起」一定需要告白嗎？對我而言是需要的。對於重視儀式感的人來說，並沒有所謂「自然而然在一起」的狀態。也許能自然而然的牽手、自然而然的親吻，但在最重要的那句話說出口之前，都不算在一起，這點我倒是壁壘分明。

我有一位很可愛的前任，明明就已打定主意要和我在一起，但嘴上卻倔著說：「還不行，你還沒有跟我告白，要很認真的那種。」我甚至花了一些時間和她討論所謂「認真」的定義為何？後來在一次的小旅行當中，找到一座公園，公園裡有座天橋，我在天橋上正式問她，堅定地看著她說：「妳願意和我在一起嗎？」她才點點頭同意。

但我也曾聽過很多鬼故事：「他跟我怎樣怎樣，不是等於在一起了嗎？」產生這樣的想法也十分合理，畢竟每個人的界線都不同。有人的承諾是擁抱、有人的承諾是發生關係，而有些人則是必須說出那句：「是否願意和我在一起。」也許他並沒有刻意讓你誤會，只是兩人對於關係界線的定義不同。

正式告白像是一種儀式或肯定，確定彼此站在共同的起點，從這裡開始，我們好好在一起。

自我解鎖練習

Q1 ／ 你認為在一起一定要告白嗎？ **YES / NO**

Q2 ／ 正式在一起之前，你的界線是什麼？

Q3 ／ 你認為適當的告白方式是什麼？

Q4 ／ 最令你印象深刻的告白或被告白的經驗，是什麼？發生在幾歲時？

Q5 ／ 告白時，你會說些什麼？

Be true to yourself.

05

身上渴望被包容的缺點是什麼？

坦承自己的不擅長，並相信，對方有好好接住你的意願與能力。

長期以來，我有個改不了的壞毛病，就是對於各種與「日期」相關的事遲鈍到了極點。不論是高鐵票、車票、演唱會日期、聚會日期等，甚至到出國機票、出國住宿，都非常容易搞錯或忘記。

首先，我得承認自己的粗心，但同時也想抱怨各種旅行社與訂房網站的機制。因為我是一個樂於研究與進行各種比價的人，會反覆確認Ａ、Ｂ網站到底哪一個比較便宜。某訂房網站還會有同樣的日期與房型，但使用手機跟電腦預定卻會產生價差。同時打開許多網頁比價、找到最低價格，對我來說是一種不可逆的誘惑，若比到最低價真的能讓快樂值向上飆升。

問題來了，我時常在這些開開關關的流程中，當比完價錢、準備下單的時候，「忽略」上一次跳出網站的過程，原先預定的日期已做過修改。可能改成上一週或下一週，甚至是隔天。一個不留意，就這樣被網頁上的時間倒數計時器激發了腎上腺素，蒙蔽雙眼按下訂票。於是悲劇就發生了。

某次和當時的女友要飛往韓國，人已經在松山機場櫃檯報到，地勤卻疑惑的看著我的護照與機票，看了又看，說：「奇怪，是禮拜三沒錯，但怎麼沒有你們的名字？我也搞不懂到底發生什麼事。」經過再三比對，地勤姊姊才說：「不好意思，先生，你的機票不是今天，是下禮拜。」

那一瞬間，一股涼意從腳底麻到了我的頭頂。我知道完蛋了，一定會被痛罵一頓。回頭看見當時的另一半，整張臉垮了下來，雙眼直狠狠地瞪著我。後來事情如何解決？當然是自己吞下去，多付了更改機票的費用，才讓這趟旅程順利成行。類似的例子多到舉不完，餐廳訂到下禮拜、週五看電影訂到禮拜六、甚至把電影訂到另一間電影院，這裡就不贅述了。

隨著年紀的增長，這個狀況有逐漸改善，努力提醒自己多確認幾次。從那次之後，我都會與任何交往的對象先聲明：「這件事我真的非常不擅長，也絕對不是故意的。但很有可能我會訂錯，如果可以，希望妳能代替我完成訂位的任務。」只要有事先說明，發現大家也不是全然不能理解，真的有那麼幾任願意一肩扛起這個重擔，事後再把需要的金額匯給她們。

我發現這是一種和世界和平相處的方式，**坦承自己的不擅長與迷糊，試著尋求他人的協助，其實沒什麼不好**。搞不好這件事對對方而言，根本是毫無壓力的小事情。又或者，若多做一點事，減少男友在旅途中出包的機會，其實讓她感到更安心也不一定。**我們需要做的，只有相信對方有好好接住你的意願與能力。**

自我解鎖練習

Q1／ 交往中，你自認在日常生活中有什麼缺點嗎？

Q2／ 曾因為這項缺點，發生過什麼樣的爭吵？

Q3／ 你希望另一半如何協助你改善這個缺點？

Q4／ 為了改善這個缺點，你願意做多少努力？

Q5／ 有誰曾經體諒過或幫助你改善這個缺點嗎？

Be true to yourself.

06

原來，我可以被包容嗎？

接受自己的不完美，請允許自己有犯錯的空間。

承接前一篇，這件事在我心裡一直是個不小的陰影。那次之後，面對所有的機票和住宿預定都使我倍感恐懼。但在某一次，和幾個朋友相約出國玩的時候，迎來了一段至今仍讓我十分感謝的經歷。

那次同樣是要飛往韓國，但因為疫情剛結束不久，新增的入境規定、申請手續等，卻不如以往直接免簽那麼便利，需要額外填寫入境申請，這份申請當然誰都沒寫過、誰都沒經驗。出發前幾天，其中一位同行的朋友E，突然發現這份申請他還沒寫好，但他在外面忙著應酬，距離出發的時間又只剩下幾個小時，於是他就遠端將資料傳給我，請我代為申請。

到了當天，我在機場Check-in完之後，卻發現E在櫃檯前卡了很久、很久。但他也沒有揮手向我們求救，於是一群人就在旁邊滑手機等著。大約過了二十分鐘，終於把行李箱放到輸送帶上，他走了過來。

我說：「怎麼了嗎？發生什麼問題？」

E說：「喔，那張入境申請單的名字打錯了一個字，地勤在幫我跟韓國確認這樣可不可以入境。」

我：「欸？那不就是我幫你申請的時候寫錯了，讓你卡那麼久？」

E很平靜地回答：「對啊。」

我說：「對不起！萬一不能飛的話就完了！你怎麼沒生氣，是我弄錯耶？」

E說：「頂多在桃園住一天，你們先去。」

聽到這個回答，瞬間覺得他是天使。當下真的很感動，當然也聯想起以前機票訂錯的恐懼。但這一次，居然沒有遭到任何責怪，感受到了巨大的包容和溫暖。E後來繼續說，本來就是他自己沒空處理，才拜託我申請的，後續他也疏於檢查，沒什麼資格怪我。能夠花錢解決的事情根本都不算大事，他不會因為這樣就破壞大家出遊的心情。

一直以來，我很討厭自己這種個性，總是過度擔心自己會被討厭。從那一刻起，才懂得原來粗心的自己也能被理解、被接納。世界上也許有一部分的人，認為這是小事並沒有想像中那麼嚴重，是可以被修正與被接受的，不需要如此怒不可遏。**我們都需要學習原諒自己、和自己和解，允許自己有犯錯的可能。**

在能力範圍內能不粗心盡量不粗心，但當事情發生時，能被朋友這樣溫暖的包容著，真的是言語難以形容的感動。

「原來我是可以被包容的，打從心底的那種。」

謝謝E，滿滿的感謝。

Q3 / 此刻你希望你的伴侶怎麼做？

Q4 / 伴侶開始用充滿怒氣的方式和對方溝通，你的心情是？

Q5 / 若真的沒訂到房間，你會怎麼解決？
你認為另一半會有怎樣的反應？

Be true to yourself.

自我解鎖練習

這是一個旅途中遇到的情境題，請試著回答你的感覺，以及會如何處理，希望對方怎麼幫助你呢？

經過長途跋涉，坐了很久的車，抵達日本山裡的溫泉旅館。你拿出護照，訂房資訊明明全部正確，但櫃檯人員卻跟你說：「抱歉，我們沒有查到您今日的訂房資訊。」接著查了十分鐘還是沒有結果，此時你會怎麼辦？

Q1 ／ 此刻你的心情如何？

Q2 ／ 下一步你會怎麼做？

07

你生氣的時候是什麼樣子？

試著與另一半在衝突發生前，溝通自己的生氣模式，降低激烈爭吵的機率。

當你經歷過一場爭吵或憤怒，會用什麼樣的方式收尾？或與對方和好？你知道用什麼方法抒發情緒與憤怒，以及整理自己的情緒嗎？

諸如失控、摔東西、砸東西等動作，基本上不曾在我身上發生過。我自己知道，當我生氣暴怒的時候，會心跳加速，然後一股腦的把想說的話全都喊出來，說話音量變大，但也就到此為止，不會再有更多的舉動。至於收尾，我的情緒則屬於遞減型。雖然不能在大聲嘶吼完之後，瞬間把怒氣發洩完畢，但只要經過一段時間冷靜，也許是出門一個人待著，或一段時間不要講話，當這段時間過去，心情就能平復。接著，我會邀請對方一起去吃個宵夜或喝點東西，試圖釋出善意。

若在此時，對方堅持要我留下來或持續溝通，會讓我無法順利將怒氣消耗掉，此時的溝通是無效的。但我曾遇過一任女友，剛好她的防禦機制是：「害怕被對方把自己一人留在家」、「抗拒對方大聲說話」如此巧合，正好都對應到我生氣時的反應與動作。在那段關係裡，讓我感到十分困擾。當時我對自己也不像現在這麼深入的了解，處理事情的能力還不夠成熟。只能在分手一陣子後，認真地和對方說明，這是我消化情緒的方式，希望對方理解，我並不是故意針對她在意的點而這麼做。這是我在那段關係中留下的遺憾。

你曾和另一半溝通過自己的生氣模式嗎？相處中不可能完全不發生衝突，**但也許能在雙方都安好時，嘗試跟對方說明，自己在生氣時可能會發生什麼反應，讓彼此心裡有個底，便能在衝突之下，減低彼此爭吵更激烈的機率**，或是誤認為對方是失控、刻意經由某些行為來激怒自己。試著一起為關係打個預防針吧！

至於有沒有推薦任何處理憤怒的方法？建議大家先各自離開爭吵的現場，脫離當下氣氛，告訴自己，待在原地只會放大更多的情緒衝突。**如果你相信這個人還有任何溝通的機會，就別將離開視爲一種威脅手段，那只是中場喘息，讓彼此有梳理各自情緒的空間。**或者，如同前面所說過的，為彼此點一份好吃的外賣，讓氣氛緩和下來，大多就沒事了。

自我解鎖練習

Q1／ 當你生氣時會有什麼樣的行為？

Q2／ 你會如何梳理自己的情緒？

Q3／ 大約許要多久的時間整理情緒？

Q4／ 你會用什麼方式和對方和好？需要對方做些什麼嗎？

Q5／ 試著想想，並描繪出對方生氣時的行為模式。

Be true to yourself.

08

男生戀愛裡最常犯的錯：沒報備

避免任何爭吵的聰明法則，提前將報備原則溝通清楚，建立屬於兩人的專屬默契。

男生在戀愛裡最容易犯的錯，或多數女生會在意的地雷，到底是什麼？最常遇到的就是與異性出門時，到底該不該「報備」。

前陣子，我與一位約會對象因為這件事大吵了一架，也演變成最終沒有繼續發展的主因。我從小到大的朋友性別比，都是女性比男性多。現在更因為職業與工作的關係，需要經常和女性一起拍片、合作、工作。

某一次，有一個需要拍攝一整天的行程，前一天晚上傳訊息給約會對象M，說：「M，明天我會比較忙，有整天的拍攝，從起床拍到傍晚，訊息會回得比較慢，結束再跟妳說。」

隔天一起床，攝影師就到家裡先進行居家相關的拍攝。結束後，再轉移陣地到百貨公司參加某個專櫃品牌的活動。

那天總共進行了三檔拍攝，精力耗盡，整個人都累癱了。工作結束後，攝影師和我拍了一則限動，在回家的計程車上我就直接轉發，主要是擔心沒有轉發不太好意思，攝影師都幫忙了一整天，十分辛苦。當我傳訊息給M時，M只回覆我：「嗯。」的時候，我就知道大事不妙。

那麼，回顧了案發現場到此，接下來請大家分析這天的問題出在哪呢？

1. 沒有報備行程嗎？但我前一天已經做好事前告知行程。

2. 訊息沒有回覆嗎？但我也有先說今天工作繁忙，回訊息的速度會變慢。
3. 還是結束時沒有告知？但明明有準時回報工作結束的時間。
4. 還是我轉發了攝影師的限動，讓對方不開心？
5. 攝影師是女生。

對，重點在於忘記說明攝影師是女生。

合作的攝影師朋友，大概十年前就認識了，幫我拍照已有七年或八年的時間，是我非常重視的工作夥伴跟好友。至於我為什麼前一天忘記講對方是女生，主要是因為在我腦海中的思考，已經把隔天的行程簡化至：「十一點起床，執行所有拍照，攝影師會來，出門有活動，五點結束。」攝影師是長時間相處的工作夥伴，我根本忘記要說「她是女生」，更別提還有來家裡拍照這個部分。

M說：「你沒有說她是女生，也沒有說對方會去你家。」心中雖然可以理解M為什麼會生氣不高興，但當下的感受其實不太好。直覺認為：「我明明報備過，也做到了告知，而且我是在工作為什麼要不開心？」

經過一段深聊與解釋，M接受了我的道歉，她明白我並不是故意不講對方是女生，而是真的沒有注意到這件事。而在與M的關係結束之後，我也再次思考了整件事的來龍去脈。

當時，讓我生氣與憤怒的原因是：「被誤會我有其他意圖。」如同其他狀況：「我明明就沒有要跟這個女生幹嘛，為什麼要誤會我？」、「為什麼不能相信我只是交朋友？」男生絕對不希望女友產生誤會，所以與任何異性見面之前，會自動判斷「對這位異性的想法」。如果知道自己想出軌，當然會克制自己別去；或者知道對方有其他意思，自然會避開。怎可能這麼傻的「我知道女友覺得這女生很危險，還不講，然後硬要兩人單獨出門，再被發現來大吵一架？」自己挖洞給自己跳。

進一步推論，為什麼眾多男性無法理解「跟異性單獨出門」要先報備。以男生的角度來解讀，會認為「認識十幾年有什麼好說的」、「我又沒有把她當成女生」、「只是順路拿個東西而已」到底要講什麼。但在女生的視角裡，理解真的完全不同。

她不認識你認識十幾年的她。
她不知道你們過去是什麼樣的關係？
而你也不知道兩人剛在一起沒多久，是否已有足夠的安全感與信任能面對這些事。

在此想要鼓勵男生們，既然對於「是否要告知」的判對會出現失誤，不如不要判斷，一律都講、都報備。多講總比少講好。而對於女生，想提醒的是，並非男方沒有想到妳或是不尊重妳，只是彼此對於「異性」的危險度、威脅度的認知有點誤會。

若能早一步理解兩人的認知難免會有誤差，將此前提放在心裡，做好事前溝通，也許在「報備」這件事情上，就不會產生這麼多爭吵了。

自我解鎖練習

Q1／交往後，你會和異性單獨出門嗎？ **YES / NO**

Q2／交往後，另一半可以和異性單獨出門嗎？ **YES / NO**

Q3／交往後，你能接受另一半單獨和異性朋友去哪些地方或進行哪些行為？

吃飯　看電影　喝咖啡　旅遊　唱歌　兜風

對方公司　酒吧　對方家

Q4／哪些見面地點是你沒辦法接受的？

Q5／有溝通過彼此的界線在哪裡嗎？
如果還沒，記得聊聊唷！

Be true to yourself.

09

我們該同居嗎？

同居生活象徵著關係往前一步邁進，但被愛的同時，你願意承擔責任嗎？

你想和另一半同居嗎？

同居生活有兩個面向，第一種是「被愛」。

首先，出現的想像是一起睡覺、一起煮飯、一起追劇過生活。再也不用每天依依不捨地回家，上演你送我、我送你的離別戲碼，兩人可以自由自在的見面，不受交通與地理環境的限制，共築生活。若你想到的是這種，那麼腦海中出現的會是各種同居時的甜蜜畫面，以及降低彼此見面時的阻力（不用搭車、不用出門、不用刻意安排時間，回家就能見到彼此），大幅增加見面的時間與頻率，這或許是你的被愛感與幸福感的來源，以及對同居的想像。

第二種是「責任」。

簡單明瞭，就是兩人一起承擔「住所」的責任，一起打掃、一起使用。誰要掃廁所，誰要煮飯？誰要去到垃圾？彼此都有責任義務，共同將這個地方打理的更加舒適。當然，也一起承擔住宿的所有費用，分擔家務、生活需求等。

責任當中雞毛蒜皮的事情還多得很，沒有實際同居過的情侶可能很難想像。曾遇過不是在臺北長大的女朋友，每次都無法理解，為什麼看起來擺明是回收的東西，她卻要往垃圾桶裡丟。負責倒垃圾的我，不止一次，當面被回收人員要求拆開垃圾袋把東西清出來，非常尷尬。後來我才意會到，臺北對回收物的要求相對嚴格，有些縣市根本沒在分類。

類似回收的小故事講都講不完，多的是你不知道的事。**但「被愛」跟「責任」是共存的，會同時在同居的時候發生，這兩件事無法分割。**如果你只想到被愛卻沒想到責任，建議先緩緩。

同居後你願意負擔起多少責任？**對方又能負擔起多少「你認爲他該負擔的責任」？**若他做不到，你願意承擔嗎？你真的已足夠了解他的生活習慣嗎？又或者，一切只是你戀愛腦的想像？若上述事項釐清的還不夠徹底，同居這件事，再仔細想想或許會更好。而如果此刻你感受到的只有責任，卻沒有被愛的甜蜜，那麼也可以考慮是否要搬離現在的同居地。

自我解鎖練習

Q1 / 你最不喜歡做的家事有哪些？

Q2 / 你會想和另一半同居嗎？ **YES / NO**

Q3 / 在同居生活中做什麼事情，會讓你強烈感受到被愛或幸福？

Q4 / 你認為同居最大的好處是什麼？

Q5 / 寫下同居後，兩人會在放假時，做些什麼有趣的事度過一天？

Be true to yourself.

10

從喜歡同居到排斥同居

同居生活必有獲得也有失去，
兩人的甜蜜和一人的自在，你的選擇是？

每個人都有自己習慣的交往步調，你認為交往多久後可以進入同居生活？我個人從很需要同居，演變至傾向最好不要同居。原因有很多，讓我慢慢說起。

初次同居的經驗發生在大學，那時認為同居很好，上下課都可以一起，還能買東西一起回家吃。但美好的泡泡很快就被戳破了，我發現對方的生活習慣和自己落差有點大，那也是我第一次意識到自己有點潔癖，以及對於自己的工作區域，例如：電腦桌、書寫桌等，是用很神聖的態度在對待。這個區域裡的事物排序是不允許被更動的，當我找不到自己工作時必要的物品時，會感到非常困擾。

第二次同居的時間比較長，也因為出了社會，所以擁有更多完整的同住時間。後來發現同居這件事，其實也同時在對焦彼此的生活態度。像是邀請朋友到家裡聚會的頻率，是否會造成對方休息上的干擾？冰箱跟廚房多久要清理一次？甚至連公共區域要由誰播音樂，對方工作的時候你能不能在客廳打電動？這些過去自己生活時，想都不用想的事情，都會陸續出現在同居生活裡。

而最近期的同居經驗，更是我結束這段關係的原因之一。成為全職創作者後，多數時間會待在家裡工作，無論是寫書、工作、拍攝影片等，都在家裡完成。和需要出門上班的上班族相比，感受截然不同，因為我不需要從一個地點轉移到另一個地點，才能開始工作。也沒有上下班的切換：出門是上班，回家是下班。

總之，電腦打開就是工作。這形成了我和那任女友很大的壓力來源。因為對她來說，可能今天下班特別累，回到家什麼都沒整理就直接睡了，隔天一樣出門上班，她只需要回家時再面對家務。但我卻不同，因為家是我的生活兼工作環境，前任只要閉上眼睛，隔天出門就看不到需要整理的東西，隔天卻會變成我要獨自面對好幾個小時的雜亂和負擔，這也是我之前沒有體認到的。

分享這段過程並不是抱怨，只是**同居這件事放到長遠來看，會因爲每個人的生活狀態、工作形式、經濟狀況而有所改變，和不同的對象同居，就會發生完全不會經歷過的事。**

有了這些經驗之後，現在對於同居反而有點抗拒，最好另一半也擁有自己的住所，週間過來住好多天也沒關係。但若對方沒有自己的住所，一旦兩人吵架，是無處可躲的。心態上，我也會認定，沒有同居前，對方不需要替我做任何的清掃或家務事，因為對方是客人，是受到我的邀請來過夜的。一旦錨定了心態，事情與立場就會明朗許多。

而未來若需要同居，依據之前的經驗，希望居住的地方最少有二房一廳，各自擁有自己的獨立空間，真正需要獨處或工作時，才不會產生像住在套房時的壓迫感。另外，若能靠近公園更好，這是我個人的需求，希望兩人可以不時在公園散散步、聊聊天。而最後，如果真的討厭垃圾分類，那就選個有管理分類的大樓吧！

自我解鎖練習

Q1 ／ 過去有過好與不好的同居經驗嗎？ **好 / 不好 / 都有**

Q2 ／ 理想的住宿地點與格局（幾房幾廳）有什麼必要條件？

Q3 ／ 理想中的家事分配，比例上該如何安排？

Q4 ／ 彼此該如何分擔房租或房貸？

Q5 ／ 不想同居的原因或考量是什麼？有辦法解決嗎？

Be true to yourself.

11

你的婚戀觀是什麼？

婚姻與戀愛是否能夠共存？

「婚戀觀」是近年新出現的詞，主要的意義不是單純討論「婚姻觀」，而是把「婚姻觀」加上「戀愛觀」成了「婚戀觀」，單純討論婚姻在現代好像已不再適用。不僅限於討論婚姻、門當戶對、誰要做家事等，而是把問題聚焦於「婚姻與戀愛同時結合」，婚姻之外，婚姻裡的戀愛關係又是什麼樣子呢？

會有這樣的改變，當然是來自於我們對於上一個世代的反抗。不想也不能讓過去曾聽說過的，爸爸媽媽只因為雙方感覺還算適合就結婚，因為想找個人負擔家裡的責任或工作就結婚。在這樣的前提下，我很支持把「婚姻觀」這個詞修正為「婚戀觀」。**討論的不只結婚，還有結婚後的相處、吸收我們如何繼續相愛。**

「婚戀觀」這三個字，帶給你什麼樣的想像？

自我解鎖練習

Q1／ 小時候，結婚對你而言代表什麼？

Q2／ 此時此刻，結婚對你而言代表什麼？

Q3／ 婚姻跟戀愛，在你眼中是同一件事嗎？ **YES / NO**

Q4／ 若不同，他們之間的差別在哪裡？

Q5／ 試著描述你現在的「婚戀觀」。

Be true to yourself.

12

你會因為什麼念頭而結婚？

結婚是出自被逼迫，還是心中真正渴望？
你是否陷入了「需要結婚」的框架中呢？

我曾有過一段原以為會結婚的關係，後來因為種種原因沒有走向婚姻。可怕的是，幾年後我在某次和命理老師的合作拍攝中，意外的再次走進當年的婚紗顧問公司。那個場地現在變成攝影棚，走進去的瞬間，身體告訴我，感覺這個地方似曾相識。

「你們這邊以前是不是婚紗公司？」我問工作人員。

「好像是耶？等等我，我進去問看看老闆。」接待我的工作人員說道。

接著是老闆走出來詢問：「對啊！你怎麼知道，你結婚了嗎？」

「沒，婚紗拍了，但沒結成。」我笑笑的說。

一個人到底為什麼要走向婚姻？這是某個時期我心中最大的疑問。三十歲時，我很常問新認識的朋友這個問題。有的人笑著說不知道，有的人說順其自然，有的人說也沒什麼好不結的。但在某次談話中，聽到一個令我感到新奇的解釋。

生活缺乏改變而想結婚

這是一位經營新創公司的朋友，結過婚也離了婚。他回答說：「當時做什麼都不太順。也沒有很不順，但就覺得生命需要被晃動一下，製造一些轉機，所以我結了婚。」這個解釋在我耳裡聽起來，像是尋求一場新的旅遊，或是池塘的水想要被攪動，又或是人生已經在可預測的方向前進了太久，需要加入一些新的顏料做出變化。

在一起就會想結婚

也有一種常見的回答是：「他在一起就會想結婚。」

過去我也體驗過這種感覺，心中浮現和這個人長久待在一起的欲望，給予彼此承諾和照顧。但我思考的點是，**到底人們是先確定會一直在一起，才結婚，還是因爲結婚之後，才肯定會一直在一起？**如果是後者，那更像是某種制約；如果是前者，那婚姻只是在此狀態之上的附加條文。

人生目標想結婚而結婚。

也曾聽說過：「人生的夢想就是要有一個家庭。」

認為人到了幾歲就差不多該結婚；或是交往時間久了，不想耽誤另一方的時間所以結婚。或斬釘截鐵的說：「沒什麼好不結的，幹嘛不結？」在這群人的想法中，結婚能讓人生更圓滿，或是列為「成功」的條件之一，不會預想婚姻這件事情的好壞，不也須經過太多思考便認定這件事本來就「必須要發生、應該要發生。」我在三十歲之前，也覺得這件事情就是人生必須完成的待辦事項之一。

「結婚不是不會發生，只是還沒有遇上對的人。」這是我對結婚的想法。

這幾年試著把腳步放慢，遇上了很多結婚的人、離婚的人，還在掙扎要不要結婚的人，才逐漸開始思考「人生中，婚姻是否為必要」。

三十歲前的我們，會思考婚姻這件事的原因，更是是出自「想要穩定」或「覺得兩個人一起打拼的感覺好棒」。等到收入與事業稍微有成之後，若已經在生活上自給自足，有了悠閒與自在，想去哪都可以，週末假日快閃日本三天兩夜仍有餘裕時，真的還會想要結婚嗎？

如今的我好像不太確定，原本肯定的回答，轉成了問號。

當然，常見的結婚原因還有很多種：被爸媽催婚、覺得對方應該要負責、懷孕了等。但這些原因到底是出自被逼迫，還是心中真正的渴望？是否我們都不小心活在「需要結婚」、「需要被結婚」的框架裡？

自我解鎖練習

Q1／ 現在的你想要結婚嗎？ **是／否／不確定**

Q2／ 身邊朋友結婚的人多嗎？ **多／不多**

Q3／ 他們對於婚姻的想法是什麼？

Q4／ 問問其中一對，他們當初為何結婚？

Q5／ 猜猜你會因為什麼念頭而結婚？

Be true to yourself.

13

結婚對象不只是伴侶，還是自我實踐的夥伴

我們是陪伴彼此完成心中大愛的夥伴，並同時擁有了愛情，多浪慢？

順著這樣的邏輯與思辯，接著想梳理婚姻關係的演變。以及婚姻在現代社會中，應該具備什麼樣的功能與條件。或許你會說，婚姻不該用這麼冷靜的方式思考，不過對我而言，確實有其必要。

在過往的農業時代社會裡，婚姻或成家的需求，有一部分建立在勞動力與

生育之上。雖然這樣的說法在現代看起來很荒謬，但你一定也曾聽過：「娶個老婆顧家、幫忙農務、煮飯、多生幾個小孩子一起務農。」或是照顧家裡的生意，多添口人丁，進行「家族事業」的概念，在六〇至七〇年前，確實是存在的。再到後來的工商時代，就變成了「女孩子家一個人在異鄉打拼，無依無靠的，找個伴結婚安全多了。」

這些都可以對應到馬斯洛需求層次論（Maslow's hierarchy of needs）裡的生理需求和安全需求。但放諸到現在社會的標準裡，這些需求早已被當代社會經由其他的方式來滿足。如果你說：「找另一半是為了有個地方住、為了一起煮飯、省錢、多生幾個孩子幫忙家裡的生意。」不是不行，只是聽起來有些不切實際，好像眼中只看見這個人的功能性價值，不禁讓人懷疑，你是否真的理解婚姻的價值。

最近，我聽到來自朋友K的說法，她說：「婚姻在現代，更該注重於自我成就的展現、實現自我生命的價值。**新型態最好的婚姻，早就不只是愛情，也不是因爲有人照顧，而是在這之上，你們能幫助彼此完成『自我實踐』，成爲互助一生的夥伴。」**

聽到這裡，有如當頭棒喝。這的確更接近我對於婚姻的想像，也立刻聯想到這和需求理論的模型不謀而合。如果有一個她能完全懂得我這輩子想要實踐什麼理想，願意幫助我、支持我，而我前進的方向也正好在她的生命藍圖上，將會超越所謂的照顧、所謂的愛情。我們是陪伴彼此完成心中太愛的夥伴，在這前提下，雙方還能同時擁有愛情，這是多麼浪慢的一件事？

對應著需求理論的金字塔，這似乎是一種合理的解釋。人對於婚姻關係的需求，從生理一路演進到自我實現。對應人們對於工作的需求不也是如此？從只是賺得溫飽，到實現社會地位、實現自我實踐；從網路蓬勃發展到疫情過後，若人們已接受工作型態轉換的可能，是否「婚姻的定義」也有隨著時代轉換的可能？

受惠於現代交友軟體與網路的發達，人與人之間的距離大幅縮短，現在要認識一個陌生人，真的很容易，要找到所謂匹配、有愛的感覺的人，似乎也沒這麼難。那麼，還有什麼是超越「愛情的有感覺」可以進入下一個層次，達成彼此的自我實踐，也許就是一項參考標準。

能牽手一輩子，扮演實踐彼此理想路上的最強後盾，不也是一種愛嗎？你和我，成為了最好的我們。

自我解鎖練習

Q1／ 你認為婚姻在現代，應該具備什麼樣的功能和條件，以滿足社會的需求？

Q2／ 你同意交友軟體和網路發達，使求愛與交往變得簡單嗎？ **當然／沒有**

Q3／ 自我實踐對你而言是什麼？

Q4／ 你認為這是婚姻的必要功能，或這其實是自己的事？

婚姻的事／自己的事

Q5／ 若結婚了，你會說另一半是怎樣的夥伴？

Be true to yourself.

14

結婚不是衝動，更像義無反顧

即使在婚姻中必然會產生碰撞，但仍希望透過磨練，一起迎向更好的未來。

完稿的幾天前，正好在書店讀到一段話：「**婚姻必然會帶來磨練，所以，如果沒有準備好和這個人一起成長，請不要結婚。**」這段話映入眼簾的第一刻，我其實沒有很舒服。「難道真的不存在沒有磨難的婚姻嗎？」沉澱幾天之後，卻覺得這樣的說法也沒有不對，甚至蠻美的。

和這個人結婚，是因為願意一起迎向更好的旅程，就算知道相處上會遇到一些磨難、一些苦痛，但你看得見更好的以後，你能想像更幸福的以後。儘管知道結婚必然會有碰撞、有爭吵，但你還是結了。

結婚不應該是衝動，更像是義無反顧。文章的最後，想邀請大家再透過數個問題，描繪心中對於婚姻的憧憬。

自我解鎖練習

Q1／ 你心目中理想的婚禮是什麼樣子？在什麼地點舉辦，有哪些人會參加呢？

Q2／ 你心目中理想的婚禮是轟轟烈烈的熱鬧，還是小巧而溫馨？

熱鬧／溫馨

Q3／ 在婚禮上，對方會和你說些什麼？

Q4／ 你會和對方說些什麼？

Q5／ 結婚對象身上最重要的特質是什麼？

Be true to yourself.

CHAPTER 4

解開關係的結，允許自己快樂

Question

和前任分手後，
還願意和他聯絡嗎？

YES / NO

01

和他相處時，總覺得是自己犯了錯？

當價值觀有所碰撞，而另一方無法接受解釋時，你會順從對方還是選擇捍衛自己的理念？

這一篇，想和大家聊聊「自我情感內耗」。

首先，先解釋「內耗」是什麼意思。「內耗」通常使用在社會或公司部門內部，因彼此無法協作、溝通，而讓不同部門之間產生矛盾，進而消耗無謂的人力、財力、物力等。例如，一套政策明明從A部門送到C部門就可以解決，但因為兩個部門主管為了讓自己看起來有認真做事，就召開了很多不必要的會議，即為「內耗」。

而「情感內耗」，我的詮釋是：當兩人因為彼此的性格、三觀、能力等不一致，造成雙方花了許多時間溝通彼此的觀念。其實很容易理解，就是兩個人一直因為一些基本觀念而反覆爭論，卻仍然沒有進展。

接著，要討論的是「自我情感內耗」。和部門與部門之間無關，和交往的對象也沒有關係，「自我情感內耗」只和自己有關。

你是否曾遇過這種狀況：眼前的人因為某件事找你吵架，內心雖然不知道這件事情是對是錯，但也不認為有必要爭論到底，所以努力將自己的情緒壓抑下來，轉化成面對對方情緒狀態的梳理。

「壓住脾氣、耐住性子、說服自己對方沒問題、可能是自己的錯。」這種需要從內在說服自己、整理自己的「心力成本」，就是「自我情感內耗」。為什麼要加上「自我」，因為這件事真的非常辛苦，沒有任何人知道在你心中經歷了多麼艱難的天人交戰或拉扯，委屈的人只有自己。

在資本主義的社會裡，人們多數時候很清楚「成本」概念，時間成本、金錢成本、機會成本、溝通成本等。但有時我們會忘記談論一件事：感情成本。尤其是「感情成本裡的自我內耗。」檢討別人通常比較容易，但檢討自己卻很難。後面列舉兩個你可能已經習慣的「自我情感內耗」跡象。

和他在一起，會不斷壓抑自己的情緒

這點很容易理解。明明有些地方該不爽、該生氣，但卻因為「這個人」而覺得自己「可以忍一忍」。選擇「忍下來」的原因是什麼？也許是：「因為我很喜歡他，所以願意讓他。」但背後的真實原因，卻是：「**潛意識裡想服從或認同他的看法，才能增加他對你的喜歡，所以選擇委屈自己。**」換句話說，只是想用盡方法討好對方，甚至不允許自己生氣。細想，人們生氣的原因通常是什麼？

一般來說，生氣是因為對方聽不懂自己的處事原則，或是彼此的價值觀有所碰撞，而另一方無法接受你的解釋。在這樣的狀況下，透過生氣或大吵一架來溝通，都是非常自然的反應。平時面對陌生人、同事、朋友時，我們會懂得捍衛自己的權利，為何在面對這個對象時，就會認為他是對的，自己是錯的？

和他相處常發生「情感矛盾」

「情感矛盾」又是什麼？簡單來說，是在相處後，同時感受到正向與負向的情感。例如，你們約會了一整天，在咖啡廳聊天的時候很開心，但後來逛街時卻發生爭執不歡而散，你搞不清楚一天的約會之中，自己到底是快樂多還是悲傷比較多？當然，兩人相處難免會出現這種狀況，但若是每次，或是兩次當中就有一次這種情形，就要留意了，你可能正面臨著「情感矛盾」。**這個對象同時讓你感受到愛，卻也讓你感受到悲傷或生氣。**

於是，你分不清楚自己與這個人相處到底是什麼情緒、什麼感受。這種混亂，非常、非常消耗精神。明明知道自己不舒服，但不舒服卻總是跟著開心的愛而來。我們會催眠自己，為了愛的甜頭留下來。

想先請大家停下來，思考是否遇過「情感內耗」與「情感矛盾」。整理過後，將在下一篇文章，繼續分享更多關於自我內耗的跡象。

自我解鎖練習

Q1 ／ 和誰談話時，你最容易壓抑自己的情緒？

Q2 ／ 通常是對方說了什麼或做了什麼，使你壓抑自我情緒？

Q3 ／ 假如他________，我會控制不住我的情緒，直接爆炸。

Q4 ／ 最近一次出現情感矛盾的狀況是什麼？

Q5 ／ 評估自己的情感矛盾組成：
開心與悲傷的比例大約是幾比幾？

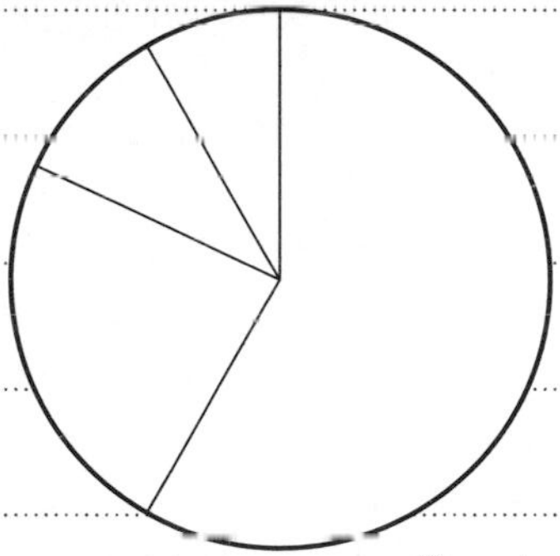

Be true to yourself.

02

是不是我不夠好？

當有人不斷質疑你、懷疑你，請相信自己過去的努力與底線。

接下來，將續談另外數種「自我情感內耗」的跡象。

不斷放大你身上的矛盾價值觀

這邊所指的價值觀，尚未拓展至影響人生大事的層面。不是「你的工作型態我不能接受」或「不能理解男生三十幾歲還住家裡」等，而是朝夕相處之下，發生在生活中的各種瑣事。像是對方認為：「男生要在每次約會都接送女友回家」或「我不能接受對方在我面前放屁」等。

乍聽之下覺得：「欸？這些小事情應該都可以討論吧？如果我真的不小心放了屁，或今天真的沒空送你回家，自己回去應該滿合理的。平時我願意盡量去做，也會為你將這件事放在心上，但真的很難保證絕對辦得到。」在你的視角裡，做與不做就是「加二十分」或「扣二十分」，在對方眼裡，卻是「做不到就一〇〇分扣到底」。

原本的無心之過，在對方眼裡卻變成十惡不赦。兩人都沒錯，只是當你們相愛時，痛苦指數遠比快樂要來的高許多。

和他在一起，感覺自己越來越糟

和其他的對象交往時，從沒發生過什麼大問題，甚至有過幾個不錯對象也常稱讚你的好，怎麼一遇到他，就覺得自己要改進的地方好多？到了這個階段，你可能陷入了「自我認同困惑」，明明認為自己有八十分，和他在一起就覺得自己降到六十分甚至四十分。

到底發生了什麼問題？是你不好還是他的標準太高？其實都不是。問題很單純，只因為你們的標準不同。

舉例來說，若你在前幾段的感情中，學習到的是：「雙方應該要保有自己的生活空間與交友空間，才能長久發展與相處」因為五年前曾經和某任黏太緊，最後兩人都失去了自我。因此，後來的你謹守這個原則，並和下一任相處融洽、穩定交往了很長一段時間，雖然最後還是分手了，但你已相信這是長期交往下的必要條件。但遇到現在這位，他又告訴你：「如果沒有每週見面五天，就是不愛」、「如果你沒有哄他，就是不夠愛」。陷入某種自我認知混亂也是必然，因為這和過去從慘痛教訓中，累積起來的經驗法則有所抵觸。

「相信眼前這個人是神奇的真命天子」或「相信過去多年累積起來的原則」，該如何抉擇呢？如同前面所提，蓋一棟大樓肯定得花上兩、三年時間，如果有任何事物可以在瞬間摧毀你的原則，那麼只可能是天災或悲劇，別無其他。**請相信自己的努力，還有自己的底線。**

對見面不再感到期待，若沒見面反倒鬆了一口氣

這也許是所有跡象裡最顯而易見的一條。不再期待與對方相處或見面，身體告訴你，其實對方才是真正的壓力來源。當要和另一半見面時，不再感到放鬆，而是不由自主的緊繃，這就是身體與心靈長期處在不健康的關係中，感受到筋疲力竭的明顯徵兆。

舉例來說：老師宣布原本的考試取消不考，大鬆一口氣；老闆說明天要繳交的提案簡報可以先緩緩，客戶不急了，大鬆一口氣。原本約定好要約會或出遊，但臨時取消，聽到後卻有如釋重負的感覺。「等等不用見到他，真是鬆了一口氣。」會有這樣的想法，不一定是因為相處過程中都在爭吵，而是因為需要用比平常上班、和朋友相處時多好幾倍的心力成本，去面對這個人的所有喜怒哀樂，這樣的關係，真的還有必要繼續嗎？

自我解鎖練習

Q1 ／ 誰最容易讓你出現情感內耗的狀況。

Q2 ／ 出現「情感內耗」時，你的感受是什麼？

Q3 ／ 別人做什麼或講什麼，最容易讓你感到不開心？

Q4 ／ 為什麼你選擇不談論這件事？

Q5 ／ 曾經有哪些你認為無所謂，但對象卻超在意的事情嗎？

Be true to yourself.

03

你會選擇什麼樣的分手方式？

如果可以，希望雙方在關係和諧時，先把分開的方式協議好，好聚好散多麼可貴。

通常你會選擇什麼樣的分手方式？是漸漸淡出還是斷崖式的離開？關於離開，我會選擇漸進式遠離。一方面，是我不希望自己遇到「斷崖式分手」；另一方面，則是我需要相對較長的時間釐清感受，不希望之後後悔，所以沒辦法直接從一〇〇分的愛，瞬間變成〇分。八十、六十、四十、二十，類似這樣的數字遞減，比較像我離開一個人的過程和演進。

什麼是斷崖式分手？若用圖表或股票來形容，就像產生一個崩盤的曲線，指數從一〇〇直接降到〇。在最後一場約會或最後一次見面後，對方傳了一篇像作文一樣長的訊息，當作最後的告別，從此消失不見面，這就是標準的斷崖式分手。

我曾經歷過這樣的分手，是在一陣激烈吵架後，兩人說好再試試看，一起去看了一部電影。最後散場時，她還牽著我的手說：「今天很開心，謝謝你陪我。」只是我沒意會到那是最後一次見面。到家後打開訊息，上面寫著：「我想我們還是不適合，別再見面了，謝謝你。」不禁讓我反思自己做錯了什麼，得不到想要的結論，真的是既痛苦又煎熬。己所不欲勿施於人，所以我不希望自己這麼做。

但對某部分的人來說，這種作法卻是好的，因為完全不糾纏、不囉唆，反正都決定要分開了，長痛不如短痛，不喜歡就講，不需要花費太多時間。

漸進式的離開，反而讓對方誤以為自己還有機會。我曾遭受過質疑，漸進式的分手其實很偽善，不過是想讓自己好過一點，心中不留下太多的愧疚感。也許是吧！但我不能違背自己的心，用連自己都不希望被對待的方式，對待一個曾經陪伴過你的人。

不論選擇哪一種方法，都沒有對錯，也不需讓任何人來評斷。如果可以，甚至希望雙方在關係和諧的時候，先把分開的方式協議好。但這個做法必定聽起來十分刺耳，就像結婚前先擬定離婚協議一樣。

我想，若能提前約定好說再見的方式，那會是對彼此最大的信任和溫柔。

自我解鎖練習

Q1 ／ 你傾向哪一種風格的分手方式？ **斷崖式分手 / 漸進式分手**

Q2 ／ 分手時會採用什麼樣的方法？ **當面說 / 電話說 / 傳訊息**

Q3 ／ 分手後會直接封鎖對方嗎？ **YES / NO**

Q4 ／ 分手後還願意和對方聯絡嗎？ **YES / NO**

Q5 ／ 分手後經過多久，才願意和對方見面？

Be true to yourself.

04

恐怖情人的跡象

有時候沒在一起，是因爲已經知道不適合。

年紀漸長，越來越覺得，有時候沒在一起，不是因為不喜歡，而是因為已經知道不適合。

有些人你確實喜歡他，確實有好感，但對方身上卻有某些使你感受到危險、不健康、想遠離的行為。有哪些觀察指標，可以讓你在早期察覺對方「並不適合你」？又或者，該以什麼樣的判斷為基準，提醒自己在這樣的行為前提下，對方已算是他人口中的恐怖情人，而我們卻不自知？恐怖情人通常具有下列幾項特質。

在乎自己的形象，在別人眼中是否過得很好

並非對自己有所要求是不好的，而是這類人，總會極力營造出一種令人稱羨的外在形象，但這些表象往往不及他真實能力所及。當你們與朋友聚會時，他總是扮演著預先設定好的完美模樣：高收入菁英分子、工作一帆風順等。但真實的他，真的過得這麼好嗎？其實並不一定。

而你因為體諒對方愛面子，不願在眾人面前戳破，私底下詢問他：「你最近的工作狀態好嗎？」對方卻不會正面回答，反倒會展現出非常不開心或不耐煩的態度，也是自我防禦機制的展現。

一般人會好好告訴你，他在朋友面前經營人設與形象的動機是什麼，可能是：「因為想和朋友合作開店，但大家似乎覺得我拿不出錢，所以我才會

這麼做。」但恐怖情人卻連這樣的理由都說不出口。**最真實的原因，是他雖然渴望得到良好評價，但又不願以正常的方式奮鬥，最後只能演戲。**而上演獨角戲就算了，卻逼著你配合一起演，要求你幫他一起經營人設，告訴他的朋友們他過得很好，增加可信度。

無法接受自己的不足，還會惱羞成怒不說出真正的原因。這樣的對象，很難接受他人對自己的建議，也很難看清自己的問題點是什麼。

更具體的跡象如下：

1. 沒有什麼錢，但卻堅持開好車以代表他有一定的社經地位。
2. 沒有案子卻裝作有案子，總是表現的很忙碌。
3. 用各種不實或誇大的資訊，包裝自己的價值。

生氣的時候無法控制自己

接著這個特點，是來自女性友人的投稿。她說曾有一任男友是恐怖情人，慣有行為是：「心情不好時就故意開快車」、「生氣的時候會亂砸東西」。總之，**就是出現各種脫序行爲，展示所謂「因爲生氣，所以我無法控制自己」、「我生氣是因爲你，都是你的錯」**。這也是某種程度的情緒勒索，又或者他原本沒有勒索的意思，純粹藉由失控的行為來宣洩自己的憤怒。但生氣時可以運動、大吃大喝或打電動，為什麼一定要拿自己或他人的生命開玩笑？這樣的特質，代表他無法好好接納自己的情緒，或保持冷靜與他人溝通。千萬別等他開始飆車，你才發現要逃跑。只要發現對方生氣時，會以某些極端的行為來展現憤怒，就可以準備離開了。

自我解鎖練習

Q1／ 你曾遇過任何對象，
對你做出哪些失序或不安全的事嗎？

……………………………………………………………………

……………………………………………………………………

……………………………………………………………………

Q2／ 當下你的感受是什麼？你後來選擇了離開還是繼續？

……………………………………………………………………

繼續 / 離開

……………………………………………………………………

Q3／ 如果再給你一次機會，你會怎麼處理這件事？

……………………………………………………………………

……………………………………………………………………

……………………………………………………………………

Q4／ 另一半曾經要求你說謊嗎？ **YES / NO**

……………………………………………………………………

Q5／ 你會選擇替他說謊還是勇敢地拒絕？為什麼？

……………………………………………………………………

……………………………………………………………………

……………………………………………………………………

……………………………………………………………………

Be true to yourself.

05

他先快樂後，你才被允許快樂

兩個相愛的人，應該要同甘共苦，一起快樂、一起難過。

試著回想，是否曾聽過這樣的話：「為什麼我在工作，你卻可以出去玩？」、「為什麼東西來了，不是先讓我吃而是你先吃？」、「為什麼我壓力這麼大，你還笑得出來？」對有些人來說，快樂的優先順序只能是「自己先快樂，別人才能快樂」。這是一種渴望同理心的展現，**渴望自己的情緒或喜怒哀樂，能優先被察覺到，並優先處理。**

這篇的原稿是在今年初寫下的，下一段寫著：「有發現這樣的人很自私嗎？」但如今我想改掉這一句。**他們不是自私，而是比你更渴望被愛**，迫切希望自己能被照顧、體諒著。我不快樂你就不能快樂，你為什麼沒有先看到我的不舒服？多麼像用哭鬧行為來博取父母注意的孩子。

當然，兩個相愛的人應該要同甘共苦，一起快樂、一起難過，絕對不是「當你不快樂，對方就得跟你一起不快樂」。我可以理解、體會、梳理你的不愉快，但不需要一起陷入負面的情緒中。**情緒和愛一樣，都是先由自己給予自己，才能給予別人**。愛的本質，不就是希望對方快樂嗎？當我工作結束時，當然有休息和進行娛樂的自由。我若留下來幫你，是對你的愛跟溫柔，而不是「必要」，但總是將自己放在第一順位的人，卻很難理解這點。

自我解鎖練習

Q1／ 當你不愉快或不開心時，伴侶正在玩樂會使你感到憤怒嗎？你覺得公平嗎？

YES / NO ｜ **公平 / 不公平**

Q2／ 當另一半不開心的時候，你會怎麼做？

Q3／ 你能接受另一半的無理取鬧嗎？

1 2 3 4 5 6 7 8 9 10

Q4／ 你認為自己是個會無理取鬧的人嗎？

1 2 3 4 5 6 7 8 9 10

Q5／ 當對方無理取鬧時，你的感受是什麼？

Be true to yourself.

06

誰使你被全世界的人辜負？

建立一段穩定且長遠的關係中，良好溝通與包容力都是很重要的元素。

這是發生在我身上的例子。某次和一位女性朋友去看電影，電影散場後，從信義區到捷運站的路上，理所當然的閒聊幾句，討論剛剛看完的劇情。我說：「我覺得這部電影劇情有點亂，不太容易理解。」當時並沒有思考太多，也不算很認真的點評，就是一句朋友之間的閒聊。但接下來，這位朋友卻生氣了。

若你問我對方生氣的點是什麼，我只能聯想到，她可能是這部電影的導演或演員的粉絲，需要捍衛支持已久的演員們。

結果她說：「你就是以為你比我聰明，對不對？」聽到的當下，我感到莫名其妙。回想上一句對話，回應的語句中並未帶有任何的挑釁，只是單純表達我內心的想法，但她卻認為我在暗示她看不懂電影。又或是，當我問她：「上禮拜去吃的那間餐廳怎麼樣？」對方居然回我：「怎麼樣，是覺得我吃太多了嗎？」

這樣的人很容易曲解或誤解別人的意思，總是認為全世界的人都辜負他、都與他作對，原因可能源自於深藏在心中的自卑感，或從前經歷過的創傷仍未痊癒。**和他們溝通，需要花費大量心力跟注意許多眉角，甚至投注更多的包容力**。

而解決這件事的關鍵，便是先安撫對方的情緒，再解釋自己真正的語言含義。這樣的生活，日積月累下，對任何人來說都是不小的負擔，若在相處過程中總是發生這樣的狀況，我會選擇離開。

你目前的對象脾氣如何？情緒控管是一種很重要的能力，如果總是遇到小事情就大發雷霆，因為一些無理的狀況而產生怒氣，甚至是難以溝通的狀態，與這樣的人相處，就像身邊隨時有顆未爆彈，也許該想想，如此膽顫心驚的生活有辦法長久嗎？

自我解鎖練習

Q1 / 你認為自己控制脾氣的能力好嗎？

1 2 3 4 5 6 7 8 9 10

Q2 / 曾經有說話不小心戳到他人痛點的經驗嗎？
如果有，是什麼？

Q3 / 你後來是如何說明與改善這件事？對方能夠理解嗎？

Q4 / 若對方不能理解，你的感受是什麼？

Q5 / 在多數情況下，你與對方的包容力誰比較好？ **你 / 對方**

Be true to yourself.

07

愛是你的世界裡有我就夠了嗎？

戀愛關係不該是拘束，而是基於彼此信任的前提，讓心能更自由的探索這世界。

一段美好的關係，對你來說是什麼樣子？交往後，你與對方仍能保持交友自由嗎？不論你的想法為何，都應該經過雙方妥善的溝通和討論，不應有一方強迫任何一方接受自己的觀點。你是否曾聽過：「愛是你的世界裡有我就夠了，你不需要其他的朋友。」

對方讓你覺得有他就好，你誰都不需要。想盡各種辦法，讓你「疑似不需要」身邊所有朋友和群體。若原先你習慣跟同性朋友一起去健身房運動，他便表示：「為什麼一定要跟朋友去？我跟你去也很好啊，情侶可以一起運動。」聽起來似乎很棒。加入你的生活沒問題，但不應該「限制」你的生活方式。和朋友一起運動或情侶一起運動，兩者為何不能並存？接著他會說：「我跟你去健身就好，為什麼你的朋友要一起？我喜歡跟你單獨相處，其他人在會讓我覺得不自在，而且他也沒有很會練。」

他開始尋找各種理由貶低你原本的行為，或貶低你身邊朋友們的價值，藉由各種名目避免你與朋友聯繫。這樣的行為，最終想達成什麼目的？就是想讓你的生活重心只剩下他。對方若不是自卑心作祟，就是恐怖的控制狂。**因爲內心十分畏懼你不再需要他，或是有任何的可能發現他不夠好，所以才想讓你的世界繞著他轉，一切心態都是出自於恐懼。**

再舉一個例子。這週你有一年一次的宿營活動或員工旅遊，當你表示會參加後，他卻不會問你「可不可以不要去」，而是直接表達出強烈的不開心，跳過溝通階段直達結果，讓你感到壓力爆棚。明明只是參加公司活動，卻讓事件上升成：「你是不是不愛我？」、「如果愛我可不可不要去？」、「我可以陪你出去玩」，並不在乎你在公司是否需要經營人脈，而嘗試以「我會沒有安全感，我也可以陪你玩」的說法說服你。

若是遇到這樣的對象，請記得隨時提醒自己，別被這種聽起來合理，實際上卻弄錯重點的溝通方式混淆自己的決定，疏遠珍貴的朋友，以及被限制交友自由。戀愛關係不應該是拘束，而是基於彼此信任的前提，讓心能更自由的探索這個世界。

自我解鎖練習

Q1 / 你曾經有過因為戀愛而失去友誼的經驗嗎？ **YES / NO**

Q2 / 你會參與對方的社交生活嗎？程度是多少？

1 2 3 4 5 6 7 8 9 10

Q3 / 認識多久後，會帶對方認識自己的朋友？

Q4 / 有什麼社交地點或內容，是你希望你的對象或另一半，在交往後就盡量避免的嗎？

Q5 / 如果對方也希望你不要去某些地方，你的感覺是？

Be true to yourself.

08

我就是要讓你不舒服

在那些不安的行爲背後，只想感覺到自己還活著，這段關係還沒結束，我沒有被拋下。

你曾經愛人愛到最後，沒其他方法，只想展現種單純的惡意嗎？如果你讓我過得不好、不開心，那麼我也要這樣對你。

「我想要讓你感受到我的存在，我還在。」

「你以為已經和我分開了，但我並不打算這麼做。」

我問了一位總是愛的很猛烈的女生朋友P。她曾愛到一個不該愛的人，而最後男方用了不太好的方式和他分手，P因為不甘心，只要經過男生家就會去按門鈴。P總是穿著高跟鞋，那個男生後來說：「那陣子聽到我家門外有高跟鞋聲，都會感到害怕。」P也不怕男生家裡有別的女生，不哭不鬧，就是按了門鈴等男生開門，說：「裡面有其他女生啊？嗨，我是他前女友，他對妳好嗎？」寒暄兩句就走，留下男生自行收尾。

我問P為什麼要這樣做？P說很長一段時間裡，她也不知道為什麼。後來才發現：「我可能把恨跟愛混在一起了。」這麼說我倒是能夠理解。P說：「我想要維持情緒波動，感受愛著他的興奮，還有他討厭我的樣子，都能讓我感覺自己還活著，這段關係還沒結束，我沒有被拋下。」

在上一本書裡，我曾寫過一篇文章「我就是不能放下你，因為那是我跟你最後的關係。」文中著眼的是掛念和思念，以及找到結束方式的答案。那些念念不忘跟執著，和不願意放手的原因，是當有一天放棄思考這些問題後，這個人就會從此消失在我的生活裡。一直以為這種故意激怒對方，想讓對方過得不順利的舉動，很可能是和我有著同樣的想法，不想關係就此結束，兩人從此變成陌生人。但那次和P長談之後，才知道並非如此，**原來有人渴望的是那種炙熱，情緒躁動的炙熱，無論這個情緒是正面或負面的，在渴求愛與被愛的前提下早已無所謂。**

「我只想要感受到我還活著。」P又說了一次。

列舉了這麼多種缺乏愛的行為表現，**背後所要傳達的訊息，其實是來自內心的匱乏與渴望，多麼渴望愛人的關注與陪伴，多希望你只看到我的好。**如果你也渴求著這樣的戀愛關係，其實無傷大雅。只是希望每個人都能看到自己所需要的愛是什麼模樣，當你感受到一點危險或不健康的訊號時，這本書能夠陪你再一次找到心裡的方向。

自我解鎖練習

Q1 ／ 你對「恨」或「討厭」的理解是什麼？

恨是＿＿＿＿＿＿＿＿＿＿＿＿＿＿＿＿＿＿＿＿。

討厭是＿＿＿＿＿＿＿＿＿＿＿＿＿＿＿＿＿＿＿。

Q2 ／ 什麼樣的情緒感受，能讓你的反應最激烈？

Q3 ／ 這樣激烈的反應，會讓你和「愛一個人」連結在一起嗎？ **YES / NO**

Q4 ／ 你曾經故意做了某件事，讓別人討厭自己嗎？ **YES / NO**

Q5 ／ 回頭想想，為什麼當初會那樣做呢？

Be true to yourself.

09

我們睡過的床墊你還要嗎？

所謂紀念就留在腦子裡，那些還記得的記得，
其他的就交給人生自然汰換吧！

如何處理前任遺留下來的物品，向來是考驗智慧的事。不只智慧，更涉及情緒處理、放下與面對，還有是否真的放手。即使是薄薄的百貨公司紙袋或一只鞋盒，或許不如一張床墊那麼寬，但處理起來的難度卻相同。

「對方遺留下來的東西到底該不該還他？」

「算了吧！他都一聲不響走了，我還他幹嘛？」

「但他也許還會回來，回來時如果東西不在了該怎麼辦？」

你在心中默默上演無數個小劇場，把話說狠誰都會，但實際上真的要把東西丟掉，卻比要你每天早起兩個小時去健身房運動還難。

丟掉那包東西，也代表丟掉了回憶，丟的是象徵，丟的是過去幾年的生活片刻與積累。以為自己能用最理性、最客觀的視角，看待這些遺留物。外接硬碟就是硬碟，裡面沒有一起出國時拍下的影片；巴斯光年的馬克杯就是馬克杯，跟我們曾經去過的迪士尼樂園一點關係都沒有。

但那些影片遲遲沒有刪掉，硬碟也沒有使用，只是放在抽屜裡沾染著灰塵，認為總有一天會用上，但幾年過去了卻還是沒有用。對，沒有用，如同你的掙扎般，沒有用。以前我有個壞習慣，年輕時交往所收到的週年卡片或紀念日卡片，剛開始都會妥善地放著。但經過幾任之後，在衣櫃裡的袋子就好像變成某種黑洞，或者收納著我情感經歷的一個袋子，隨著衣物漸漸變多，搬出家裡後，它便默默的被推到衣櫃的最深處。

我也經歷過「前任的東西到底該不該丟」的問題，後來才逐漸釋懷。曾經覺得，那不過是如同畢業紀念冊般的存在，的確是紀念冊，因為從這段感情中畢業了。但後來想想，有些都過了五年、十年，所謂紀念就留在腦子裡，還記得的記得，其他的就交給人生自然汰換吧！

於是，在某次的大掃除中，索性把整袋丟了。

當人生步入會和另一半同居的階段後，東西該不該丟這件事情就變得更複雜。畢竟這些東西從旅遊紀念品，逐漸變成了家電、沙發、椅子甚至床墊，你說丟，還真的有物理上的捨不得，大多時候也就將就用著。這些事物對我來說，好像是故意把他們留著，像是給自己留下的試驗一樣。**今天看了**

不會想起來，後天看了也沒有想起來，就代表著你逐漸忘記他了。

直到某一天，看到床墊或馬克杯，能夠不再本能地想起，自在地使用。再到某一天，看到能自然的想起，但不帶任何哀傷或怨懟的情緒。最後再到某個購物季或雙十一，真的沒有依戀、不帶情緒的把它丟棄，買了全新的替代品，好像才是真正的放下。

留下的床墊，睡過了誰，你真的還有在意昨晚我讓誰陪？沒丟的杯子，給誰的水，我愛不愛你對你是否還有所謂？

此刻的我，偏好相信真正的離開，還是該把那些留著他人記憶的物品都丟了比較好，畢竟那是一種專屬與賦予。「這樣東西是他留下的」，永遠無法擺脫與他的連結，那就是你們彼此還牽著一條看不見的線。

所以，若能選，還是燒了吧！燒成灰有多好。

自我解鎖練習

Q1／ 你還留著前任們留下的物品嗎？ **YES / NO**

Q2／ 哪樣東西是你最捨不得丟的？為什麼？

Q3／ 這對你來說是紀念還是留戀？ **紀念 / 留戀**

Q4／ 另一半可以留著前任們的物品嗎？ **YES / NO**

Q5／ 如果有，你會怎麼看待這件事？

Be true to yourself.

10

前任其實沒有你想的那麼好

好的伴侶就像是每天一顆的維他命，
而不是低潮時才出現的安慰劑。

總有那麼幾個失意的夜晚，會忍不住想起某個前任。也許是今晚喝了不少，或是和現在的對象遇到了爭吵。此時真的很難克制自己，不把當下的情況套用在前任身上比較：「若此時，我和A還在一起，他會怎麼做？」畢竟你需要確認，爭吵的理由是否正當，有哪些地方做得不好？當然需要標準座標錨定自己的相對位置。

人之常情，怎麼可能都不想前任？但仔細分析，會得到一個不可思議的事實：「**想到前任的好，通常是在心情低落的時候，所以他眞的有這麼好嗎？**」不論是你難過的時候、生氣的時候，還是和現在對象吵架的時候。

眞正喜歡一個人，是在狀況良好時與他分享的榮耀，而不是只在低潮時，才需要有他分擔苦悶。

於是，前任真的有想像中的這麼好嗎？就像是人們壓力大的時候，總會特別想吃垃圾食物，但絕對不是說前任們都是垃圾。或是生病加班到快要倒下了，才找一個超強特效藥來吃的補償心態？

如果前任真的這麼完美，最接近的比喻應該是健康食品、水果、每天一顆的維他命，希望他安安穩穩的存在於日常生活中，而不是低潮才出現在腦海中的安慰劑。

所以，當健康出現狀況時，除了看醫生、對症下藥外，更應重新審視自己日常的作息與運動量。就像想起前任時，也該思考是不是生活或感情裡出現了某些失衡。如果你心中還有那個人存在，看完這篇，別再想了吧！

自我解鎖練習

Q1 ／ 上一次想起的前任是誰？

……………………………………………………

……………………………………………………

Q2 ／ 在什麼樣的狀況下，你想起了他？

……………………………………………………

……………………………………………………

……………………………………………………

……………………………………………………

Q3 ／ 你當時的狀況是健康的嗎？ **健康 / 不健康**

……………………………………………………

Q4 ／ 重新審視，當時你們分開的原因是什麼？

……………………………………………………

……………………………………………………

……………………………………………………

……………………………………………………

……………………………………………………

Q5 ／ 若現在再次遇見，有辦法改善這個問題嗎？ **YES / NO**

……………………………………………………

Be true to yourself.

11

每個前任都是生命中某個階段的自己

因爲經歷了過去的好與壞，才形塑了現在最美好的我。

我並不是一個能和前任好好當朋友的人。

雖然沒有刻意排斥這件事，但在三十歲之前，真的不曾和任何交往過的前任，保有偶爾可以聊聊的關係。問題可能在於我，也可能剛好都遇到不想當朋友的對象，又或許是我從沒學會如何好好分開。

好好分開的定義：究竟是好好道別，還是心平氣和的把想分手的理由說清楚？理由該說到哪，還是不說破才是真正的溫柔？

或許是年紀到了，現在也沒什麼分了手就要老死不相往來的念頭。如果曾經選擇這個人，那麼他身為一個人、一位朋友，相信都有相處的價值。無論是工作上有什麼地方需要幫忙，或者有哪些想法需要提供建議，問問這個曾經最熟悉的老朋友，也許會有一種安心感。畢竟，**前任代表著某一個生命階段裡的你，這是無法抹滅也無可替代的事，不需要否認自己的過去，正是過去種種的累積，成就了現在的你。**

有些人可能無法接受這樣的觀點，覺得最優秀的前任是消失無影無蹤、不再打擾的前任。如果能成為對方這樣子看待的前任，或許我會感到有點欣慰，不知道你怎麼想呢？

自我解鎖練習

Q1 / 在距離與頻率皆適當的前提下，你願意和前任保有聯絡嗎？

YES / NO

Q2 / 你能接受另一半和前任成為朋友嗎？ YES / NO

Q3 / 在什麼樣的條件和前提之下，可以接受呢？

Q4 / 你願意認識對方的前任嗎？意願是多少？

1 2 3 4 5 6 7 8 9 10

Q5 / 如果能當朋友，分開多久後重新聯絡，對你而言是最恰當的時間？

Be true to yourself.

CHAPTER 5

在愛之前，必須先理解自己，才有我們

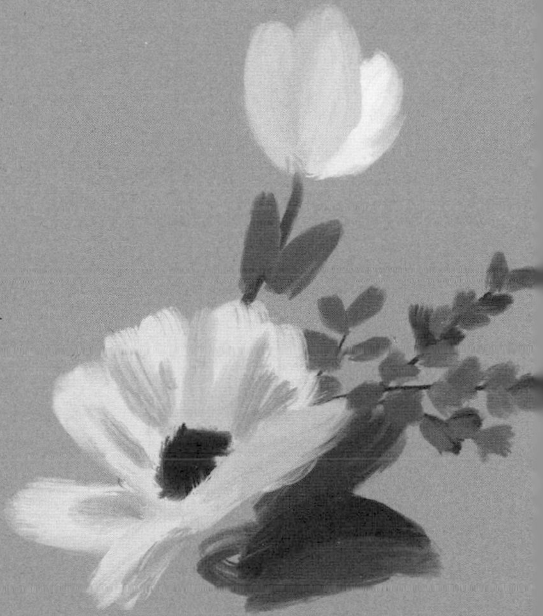

Question

愛一個人，一定會失去自己嗎？

YES / NO

01

如果我們有一天會分開，為何還是選擇在一起？

在關係中學習與另一個靈魂相處、一起前進，是很珍貴的事。

這項提問，對我來說不好回答，既深又淺的。看著日曆上即將來臨的情人節，它本該純粹浪漫，但這幾天，我卻在反覆思考著如此不浪漫的問題。

你認為愛是否非黑即白？

這個問題有點像宿命論：「若人類出生就是孤獨的，死去的時候也是孤獨的，為什麼這輩子我們要愛人？為什麼我們要被愛？」這個概念很像我們常聽到的「生不帶來，死不帶去」，你當然可以這麼想，但走過生命這趟旅程，體驗愛的過程真的沒有意義嗎？

或許，這像是考試時抄了答案；玩遊戲時看了攻略；看故事、小說、電影時搶先看了結局。

或許，對你而言結果是唯一的意義。但對其他對愛抱持著希望的人來說，終點並不是一切，一切在於體驗愛的過程。

最重要的，不在於你們最後是否分開，而是，是否曾經一起體驗過愛、認識到愛。藉由彼此，體會到愛的可能性，那才是最珍貴的。

我願意承擔自己的選擇

每段戀愛都是一趟未知的冒險，永遠無法在給出承諾的那一刻，確定對方百分之百是你這輩子最正確的選擇，誰都沒有辦法。否則，世界上不會有前任、不會有離婚、不會有那麼多不快樂。相反的，**愛之所以偉大，不就是因爲我們始終甘願冒著各種風險，無論經歷受傷、失敗、挫折、不被了解，還是願意相信，願意努力去嘗試，和眼前這個人是否有愛的可能性。**

儘管過程會遇到顛簸，但我們仍竭盡所能想辦法度過，這才是「你愛他，他愛我」。否則更接近愛的形容，應該是國小時說好在一起，因為一節下課沒去找對方，就分手的戀愛吧！

戀愛是相處而不是陪伴

在我的第一本書裡，有一篇文章提到「戀愛的重點是相處，而不是陪伴」。陪伴這件事是單向的，我們會說寵物能陪伴你、過年在家陪伴老人家，「陪伴」像是共同處在一個時間與空間裡，彼此給予對方照顧和溫暖。「相處」則需要互相磨合與調整，有默契的練習如何在彼此身上找到更好的相處步調。你可以和寵物抱怨說我今天很累，請牠不要吵（雖然知道講也沒用，而其實寵物很難理解），所以寵物僅能陪伴你。當然，愛的成分裡必然要有陪伴，但絕不能只有陪伴。

而回到問題本身：「為什麼人們都知道彼此最後會分開，卻還是選擇要在一起？」也許是攜手走過四、五十年，直到你或我之間，有人的生命到了盡頭，這是「分開」；而相處了幾年，發現彼此最終沒有那麼適合，也是一種「分開」。這兩種「分開」的重量，相同嗎？這樣的分開是戀愛或一段關係裡最重要的事嗎？

對我來說，不完全是。終點的分開是分開，更重要的是，你們曾經牽著彼此的手，走過好長、好長的一段路，是多麼難得的旅程。

在相遇之前，願意相信愛的存在與可能；在彼此還沒那麼熟悉的時候，願意選擇對方、給予承諾，學習與另一個靈魂相處，一起前進。如果你相信以上的事情都是珍貴的，還會如此在乎最後兩人的終點在哪裡嗎？

如果可以，當然希望能和愛人永遠不分開。我知道，每個人的旅程都不相同，我們盡力承諾永遠，但永遠需要很多幸運。

我知道人們最後都會分開，**但我珍惜彼此曾經相遇，相信人可以選擇不孤單，相信我會成爲誰的光，相信愛。**

所以我還是願意選擇，和一個人在一起。走很遠。

自我解鎖練習

Q1 / 1～10 分，戀愛對在你生命中占的重要性有多少？

1 2 3 4 5 6 7 8 9 10

Q2 / 如果知道彼此最終會分開，你還是會選擇在一起嗎？

YES / NO

Q3 / 戀愛的過程重要還是結果重要？ **過程 / 結果**

Q4 / 你曾經遇上什麼讓你害怕的狀況，
但最後還是決定愛了？

Q5 / 現在的你，想愛嗎？ **YES / NO**

Be true to yourself.

02

為了「希望」行動，而不是「內疚」

因「希望」而展開一切，才會帶來真正的快樂。

最能驅動你做事的「動機」是什麼？是因為恐懼而想營造自己的安全感，或是渴望完成他人對你的需要與期待？在人類圖裡，有個系統在討論「動機」這件事，就我的理解，它所指的是驅動你「做某件事、完成某件事」的最底層原因或燃料是什麼？

這些原因大致有幾種分類：「希望、恐懼、需要、內疚、渴望、純真。」在此先不展開來討論，單純分享我自己在釐清「動機」時的思考及感受。

當我了解這個「動機」之後，我從人類圖中所得到的建議，是我該為了「希望」去做事，而不是因為「內疚」。希望和內疚有什麼不同？我的理解為：「希望」是認為自己這樣做，大家會很開心，執行起來非常有趣，所以去做；「內疚」則是如果我不做就沒人可以做，大家會覺得我不負責，所以我是不是該多做點什麼？

舉例來說，我召集了一群好朋友出去玩，我的想法是：「我找到一間好美、好棒的民宿，大家一起去那間民宿玩，一定會玩得非常盡興。」所以自願幫大家訂房間，這是因為「希望」而做。因為我感受到做了這件事，大家會非常開心。

為了「內疚」而做事，又是什麼樣的情況？就像好友群組裡，大家為了要住哪裡一直沒有結論，最後因為看不下去，才站出來為大家「評估」一個彼此都能接受的方案。這件事如果再沒有人跳出來做，大家就去不成，所以我決定私下協調一個平衡的結果，有著一點喬事情的威嚴和果斷，但事實上自己會感到疲累又辛苦，卻不得不做，那就是「內疚」。因為自己覺得需要擔負起這個責任。

而這兩個動機的「結果」都是訂了同一間飯店，但過程中一個給予快樂，另一個卻給予疲憊。問題不在結果，而是執行事件的過程中，你的「動機」是什麼？為了怎樣的起心動念去完成這件事？釐清這點之後，幫助我了解為什麼相似的事情，有時候做起來快樂、有時候不快樂。希望大家也能透過這樣的思考分析，知道未來該如何讓自己快樂。

試著延伸思考，當你開始某段戀愛的「動機」是什麼？最初是為了什麼？

而到了此刻或戀愛的中後段，你還身處於這段關係裡沒離開的原因又是什麼？

愛情的最初，是你感受到和這個人在一起會有無限的可能，心中充滿了希望。後來的想法卻轉變成：「我現在離開他，好像會對不起他？我不應該這麼不負責任。」是否就是把希望活成了內疚？還是「我們再次看見彼此身上的希望？」即使現在狀況不甚理想，但只要突破了這個關卡，未來我們還會有更多、更好的可能呢？

希望與內疚，你會為了什麼而行動呢？

自我解鎖練習

Q1／平時你做事的動機大多是因為什麼呢？

希望　**恐懼**　**需要**　**內疚**　**渴望**　**純真**

Q2／上次讓你感受到「希望」而做的事情是什麼？

Q3／你認為開始一段愛情的動機是什麼？

衝動　**性**　**占有**　**戀愛感**　**其他**

Q4／想要結束一段感情的動機又是什麼？

衝動　**性**　**占有**　**戀愛感**　**其他**

Q5／寫下一件當下讓你感到最有希望的事。

Be true to yourself.

03

把自己放在「有選擇」的位置，即是快樂

請記得提醒自己永遠都有選擇，永遠都有重來一次的機會。

就我的觀察，訂閱米鹿影片或讀過米鹿著作的讀者們，年紀大多落在二十五～三十五歲之間，也就是剛畢業或工作一陣子，正處在為自己人生奮鬥的階段。其中，又以上班族為主要對象。當我和朋友聊天時，他們會跟我說：「很羨慕你，當YouTuber很自由，可以自己控制上班時間。」

我確實能自主選擇什麼時候工作，但要說自由嗎？其實多數時候，並不如

大家想像中那麼自由。

我有固定拍影片和上影片的壓力，甚至是「想著要多做些什麼」的壓力。例如，寫書、辦活動、挑戰更多其他創作等。真要說自由，應該是「選擇」什麼時候要完成工作，選擇要拍什麼樣的主題影片，以及我的創作時間與精力，能投注在哪個領域？但若認真算起工作時數，相信我每天工作的時數大概也不低於一般上班族。問題來了，為什麼我會被認為是相對「自由」呢？我發現關鍵點並不是工作時間的長短，而是「有選擇」。

你相信自己是有自由的嗎？**每一個當下，都有改變的可能**。剛開始工作的我，也覺得自己沒什麼選擇。過去「沒選擇」的感受，主要來自於對自我的懷疑，也許是未來期望發展的工作方向，家人並不支持；也許是事業起步的開端，遇上了不順遂；更也許，有些需要負擔的經濟壓力。

工作的最初幾年，我什麼都做，有案子來就接，身邊也曾出現過：「米鹿，這個商品好像不太好，你要不要考慮一下是否合作？」勸我愛惜羽毛的聲音。但心裡面期待安穩的渴望，卻逼著我一次次勉強自己接下案子。最後的結果，當然是兩敗俱傷。觀眾不喜歡這項商品，而我也不滿意這次的合作，儘管旁人看起來認為我充滿選擇，但我認為自己並沒有選擇。

工作幾年後，我做出了人生的重大選擇，辭掉正職工作，去韓國生活一年。但那段期間的累積，又成為我給自己的緊箍咒。我的 YouTube 頻道在初期能經營起來，主要是因為當時拍攝了許多在韓國當地生活的影片：旅遊、留學指南、在地美食等。但這些其實都並非我的興趣，只是因為當時的生活軌跡，取材方便而為之。和現在我專注在做的內心探索、兩性感情話題，完全沾不上邊。但那時的我內心一直覺得：「只要不拍那主題，就沒有人願意看我的影片。」

那段時間我很不快樂，因為我以為「自己只能做那樣的事，不做就不被喜歡、不被肯定。」這是誰說的？是認為沒選擇的自己。正因為認為自己只能做這件事，只埋頭做這件事，別人當然不會看到你有其他發展的可能性，又該如何支持你完成其他目標？也因此成了惡性循環。

若要突破這樣的限制，我認爲就是「不害怕」。哪怕在原有的架構裡，試著多做一點嘗試，稍微把自己推離舒適圈一點。如果你有想嘗試「什麼」，可否利用下班時間或週末，去嘗試、去進修、去累積出更多可能？比起滑手機、耍廢、追劇，或許是我們更應該做的。

現在我很感謝自己，願意隨著自己的心去嘗試各種主題創作。要跳脫原本的生活習慣必定是痛苦的，同時也會伴隨著風險，與改變初期無法掌控的時間和勞力成本。但若持續做著自己不喜歡的事，又怎能找到屬於你的真正快樂？

不論現在的你身處何處，認為自己正被困在什麼樣的環境下，是學業、事業、家庭、感情或未來，請記得提醒自己永遠都有選擇，永遠都有重來一次的機會。改變就從當下開始，當念頭轉變了，你也會跟著改變。

自我解鎖練習

Q1 ／ 想像如果沒有任何限制，你最想做的事是什麼？

Q2 ／ 為什麼會想做那件事？

Q3 ／ 認真盤點，如果做那件事的阻礙會是什麼？

恐懼　金錢　責任　時間　其他

Q4 ／ 寫下你覺得能夠解決那些阻礙的辦法是什麼？

Q5 ／ 想像並描述你正在做那件事情時的感覺。

Be true to yourself.

04

不開心的時候能不能不要笑，別假笑？

眞正的快樂假裝不來，別期待用假裝的快樂得到他人眞實的反應。

當你做什麼事情時，最容易感受到快樂？當你做什麼事情時，最能夠享受其中？無論此刻你是單身還是有另一半，都必須體認到一件事：「**能最先該讓自己快樂的，永遠是你。**」這絕對不是別人的責任，而是來自於自己的責任。成為一個能給予自己快樂的人，就會更容易遇見同樣快樂的人。

小時候常聽到朋友們這樣形容我——「憂鬱小生」，不確定現在三十歲以下的人是否還聽過這個詞。在成長的路上、大學以前，很常聽到別人對我說：「你可不可以笑一下？為什麼臉看起來這麼臭？」不論是朋友、同學、老師、長輩，都曾這樣提醒過。

每當聽到這樣的話語時，不禁會感到苦惱，心想：「我並沒有開心也沒有不開心，為什麼不能坦然接受自己是這樣的狀態，一定要假笑？」這應該也是為何我從前很喜歡周杰倫的原因。好想像他一樣，合理的不說話，不笑也不會被人嫌棄或討厭。很長一段時間，我渴望變成周杰倫專輯《范特西》的封面照，穿著紅色帽T酷酷的樣子。

我曾經會刻意讓自己「看起來開心」。努力放大自己快樂的表現，但實際上我的快樂只有五分，外顯的表情、聲音、情緒，卻展現到比較誇張的八分。這麼做有讓我比較快樂嗎？其實沒有。演戲的時候好累，無法做真實的自己好累。同時我也會期待，期待別人同樣要對我展現一〇分的快樂、有一〇分的反應，但這件事根本上很難成立，因為真正的快樂根本假裝不來。期待用假裝的快樂得到他人真實的反應，太不真切了。後來我放棄了這件事，**快樂就快樂，不快樂也別演，真正的朋友會接受你不快樂的樣子**。

現在的我不需要去公司工作，多數時間都是和親近的夥伴一起工作，和以前在公司上班的日子裡，減少許多需要陪笑的交際應酬，也不需要處理在職場上不想面對的人際關係。**不再假裝快樂後，才發現真實的自己是可以被喜歡的**。曾與從事服務業的朋友們討論過這點，他們說放下假笑後的落差感，其實會讓我們更討厭自己。若不是因為工作所需，在私生活中不如放過自己，不為了迎合誰而假裝快樂。

自我解鎖練習

Q1／ 對你而言，快樂是什麼？

Q2／ 寫下其他三個代替「快樂」的詞彙。

Q3／ 身邊有誰最能接受你的不快樂？

Q4／ 上次完全釋放自己真實的情緒是什麼時候？

Q5／ 那一次發生了什麼事呢？

Be true to yourself.

05

排列你的快樂順序

你是否曾經想過，自己的快樂是建立在什麼之上？

你的快樂有順序嗎？我們很少思考這個問題，多數時候人們習慣使用簡單的二分法。快樂與不快樂，沒有中間值的二分法。例如：上數學課不快樂，下課去打籃球很快樂；打電話拜訪客戶不快樂，開會提想法很快樂。但，我們卻很少排列「讓自己快樂」的先後順序，到底做什麼事的快樂指數最高？和另一半去看場電影約會快樂，還是自己在家大吃一頓麥當勞快樂？或是什麼都不管，在床上多躺三小時，才是你真正的快樂。我們只知道，雖然做這些事情都很開心，但卻不曾有機會思考哪種行為，會讓自己的快樂感受被放到最大。

通常，你我最先想到的「讓自己快樂的事情」，必定是最簡單、最粗暴的，諸如：「收禮物」或「花錢」。但是「怎樣送自己禮物會最快樂？」，這邊提供大家一個最簡單的方法：「如果你有一萬塊可以運用，今天就要花完，怎麼花會使你最快樂？」

這個問題我問過很多人，得到許多不一樣的答案。朋友A說：「存起來，看到銀行App的數字變多我就很快樂。」朋友B說：「找好朋友一起吃大餐，很多人一起慶祝，很快樂！」朋友C說：「立刻買到我想買的東西。」在這些答案中，可以明顯發現「快樂」對這三個人的定義完全不同。A的快樂來自於存錢，替自己增加安全感，或資產增加的成就感；B則是能和朋友分享自己的快樂，就會放大快樂值；C則是能馬上拿到「東西本尊」，快樂來自於即時擁有，若要他在網路上預購，等一個禮拜後，他就不快樂了。

不僅是弄清楚「買什麼會最快樂」，而是「**怎麼擁有這樣東西，或是和誰分享這件事能使你更快樂」也是很重要的一環**。為什麼有些人會說：「我不要男生送東西給我，自己賺錢買的才是真的。」但也有人不在乎這件事：「送我東西，很好啊？」關鍵不只是禮物本身，跟獲得的方式也有關聯。

所以，如果今天要花一萬塊，如何使用會讓你最快樂呢？

自我解鎖練習

Q1／ 寫下最近一件讓你感到快樂的事，很小、很小也沒關係。

Q2／ 寫下三件最容易讓你感到快樂的事情或行為。

Q3／ 不開心的時候你最常做什麼？

Q4／ 如果今天要花一萬塊，如何使用會讓你最快樂？

Q5／ 試著幫自己分析看看，為什麼？

Be true to yourself.

06

延長你的快樂時間

最近學習到一個新觀念：**快樂是有長度的**。

聽起來有點超現實，但這裡的長度，指的是「快樂持續的時間」。你是否思考過，進行某些事情時，獲得的某些快樂，那份快樂只會停留在那個當下。例如，吃一頓很開心的垃圾食物，漢堡配可樂，當下肯定十分開心，享受油脂、澱粉與糖分的極致組合，多麼愉悅？但吃完沒多久，就開始打嗝、感到肚子不舒服，或擔心熱量過高，覺得充滿罪惡感等，用未來的不快樂，去換得當下的幸福，也就是「快樂透支」。

很明顯，那份快樂無法長時間延續。這種快樂，我稱它為「短快樂」或「快樂代償」。因為在快樂之後，我們需要花許多時間或代價去償還，簡單來說，就是拿往後的痛苦換來一時的愉悅。

那麼，做什麼事情能讓快樂延續？我想到兩個很棒的例子。例如：「運動」和「學習」這兩件事，明顯是「長快樂」。儘管當下十分辛苦，但運動完之後，除了當下因為多巴胺的分泌，整個人感到神清氣爽、十分愉快，到了隔天，仍會覺得自己昨天很棒，甚至能明顯感受到身體的代謝變好。運動完的幾天後，依然感受得到那個好，這就是明顯的「長快樂」。「學習」也是，當你花了一段時間，終於學會泡手沖咖啡，之後每一次親手泡咖啡的時候，都會感受到快樂。因為你知道這是學習而來的，你擁有了提供自己一杯好咖啡的能力，**這件事在往後的人生中會持續發生。投資一次，永續使用的概念。**

對我而言，最快樂、最持久的事是什麼？當我創作的文字和影片，對任何一個人有所幫助時。每當我收到留言：「米鹿的文字或影片，讓我想清楚了一些事，突破原本思考的盲點。」只要讓大家產生一點點改變，我都會打從心底感到開心。

我的某則影片，下方有一則留言：「感謝米鹿的提醒和解說，我終於知道為什麼自己總是被傷害了，原來是自己沒看清楚問題的嚴重性。聽君一席話，勝讀十年書。」勝讀十年書是不敢當，這些想法與感受，都是我自己的經歷和曾經受過的傷，透過大量思考與消化後，將這些想法轉化成文字或影片，和大家分享。那一刻起，傷痕的痛已不再疼痛，而是轉變成快樂重新回到我身上。

又如前幾天，家中的電視正好壞了，我到百貨公司的電器樓層四處晃晃。正當我要離開時，有個聲音叫住我，一位很客氣的櫃姐說：「你是米鹿嗎？不好意思，耽誤你一點時間，我只要跟你說幾句話就好。」我點點頭說：「當然可以！」她很開心的說道：「謝謝你的影片幫助了我，陪伴我走過許多低潮時期，真的很謝謝你。」

生命就是如此奇妙，從沒想過會認識哪些人，或自己的人生經歷會對別人有所幫助。可能是上一本書，也可能是不知道多久以前曾寫過的字、拍過的影片，在某時某刻，成為某個人遇上問題時的小小引導，這就是屬於我的長快樂。那麼，屬於你的長快樂又是什麼呢？

自我解鎖練習

Q1／寫下 3 項你心中認為的「短快樂」？

Q2／這些「短快樂」帶給你什麼樣的感受？

Q3／對你而言，進行什麼事情的快樂是持久的「長快樂」？

Q4／描述這個「長快樂」帶給你什麼樣的感受？

Q5／你還想嘗試什麼樣的「長快樂」？
例如學習某些新的才能？

Be true to yourself.

07

你覺得自己不會談戀愛嗎？

戀愛成功或失敗都是值得學習的經驗，沒有人天生就會談戀愛。

你身邊有這種朋友嗎？認為自己很不會談戀愛，但身邊的異性從來沒少過，總是聽他抱怨自己經常戀愛失敗。最後也弄不清楚，到底是自己太高估他的人格魅力，還是對方過度謙虛喜歡把自己說的很不好，偽裝自己，讓女人緣看起來好一點。

後來發現，這類朋友有個共同問題，就是習慣把「戀愛」想得太廣、太遠。我說：「你沒交到理想中的女朋友沒錯，但一直有機會跟不同女生約會。也不是對方不喜歡你，是你沒打算跟對方在一起。」

朋友T說：「對啊！我很不會談戀愛，雖然有認識新的女生，但卻無法真正在一起。」

這樣的狀況下，存在哪些問題點呢？首先，「談戀愛的過程」到底包含什麼？我認為包含以下五點：

1. 認識新朋友的意願。
2. 和新朋友相處的能力。
3. 安排一場好約會的能力。
4. 選擇進入正確關係的判斷力。
5. 關係裡的經營與應對進退。

這五點應該能囊括一段戀愛中會遇到的事，因此朋友T並不是不會談戀愛，至少他在前兩個步驟中做得很好。我告訴他：「你想想，這幾個月陸續有女生跟你出去吃飯，很多男生連這一步都無法到達。」

朋友T不擅長的，是找到自己所需要的關係模式，以及在關係中良好的應對技巧，並透過這兩件事找到更好的自己。但不代表他在「找對象談戀愛」的過程中，沒有付出過任何努力，更不是「不會談戀愛」。如果你煮了三菜一湯，只是煮的湯不夠美味，這樣也算不會做菜嗎？只要某些部分做得好，就應該鼓勵自己，而不是替自己貼上錯誤的「不會談戀愛」標籤，讓自己越來越缺乏自信。

因此，我想再花些時間，梳理所謂的「戀愛成功與否」。先想想，現階段你想要的感情模式是什麼樣子？大概會有以下幾種狀況：

1. 我想認識很多新朋友或異性朋友。

2. 我想要享受曖昧的過程和約會。
3. 我想找到一個好對象，進入穩定的關係。
4. 我想要找到結婚對象，一起往結婚的目標邁進。
5. 我想要擁有單一或複數的性伴侶。

以上五個狀況，可以是單選題或複選題，同時想達到很多目的也沒有問題。但如果對你來說，此刻最想要的是選項二「曖昧和約會」，那就不需要以選項三的「我沒找到好對象、我不夠優秀」來批判自己。因為這並不是努力的目標，你反而在曖昧中享受到更多的樂趣。

不論是哪一個目的，都沒有絕對正確。只想提醒每個認為自己不會戀愛的你，別全然否定自己在戀愛裡做過的努力。有做不好的部分可以改進，**改進之餘，也請記得看看自己做得好的地方，不需因爲部分的失誤或不擅長，就全然否定自己。**

戀愛的步驟和過程既多變又複雜，願意認識人的心態、和新朋友相處的方式、進行有效認識彼此的約會，以及挑選真正想要的對象而不盲從等。最後，才會進展到關係的成長與相處。如果不幸在上一段關係中失敗，也只代表最後一個步驟不成功，並不代表在進入穩定關係前的經驗都不值得肯定。

持續地告訴自己不會戀愛，可能會在有意無意間，不經意的矮化自己。「我不會談戀愛，所以這個對象太好了不適合我；我不會談戀愛，雖然我很喜歡這個人，但好像聊不太起來，所以該放棄了。」**也許我們本來就足夠好，只需要將「不會」這個意念拔除，就能擁有絕佳戀愛的可能性，進而在遇到理想對象時，擁有更多的勇氣。**

你已經很會談戀愛，只是沒發覺。

ps. 寫完這篇後，發現第一本書有一篇文章的標題，正好是這篇文章的結尾，有興趣的讀者可以找來看看。

自我解鎖練習

Q1／ 自我評分，你認為自己很會談戀愛嗎？

1 2 3 4 5 6 7 8 9 10

Q2／ 在別人眼中，你會談戀愛的指數是多少？

1 2 3 4 5 6 7 8 9 10

Q3／ 談戀愛的過程，哪一點是你最不擅長的？

1. 認識新朋友的意願
2. 和新朋友相處的能力
3. 安排一場好約會的能力
4. 選擇進入正確關係的判斷力
5. 關係裡的經營與應對進退

Q4／ 「戀愛成功與否」，以下幾點是你目前判斷成功的指標？

1. 我要認識很多新朋友或異性
2. 我想要享受曖昧跟約會
3. 我要找到一個好對象，進入穩定關係
4. 我想要找到結婚對象
5. 我想要有單一或複數性伴侶

Q5／ 寫一句話給努力戀愛的自己。

Be true to yourself.

08

對你而言，什麼是「有魅力」的人？

一段關係要能長久，請找到對方閃閃發光的時刻。

高中之前，我其實並不是很有自信，更別說是有魅力，當時臉上有很多的爛痘，從來不覺得自己好看。若要說轉捩點在哪，應該是高一加入了吉他社。

小時候的夢想是當一位作詞人，覺得寫歌詞是一件好浪漫的事，因為可以把自己的故事交給歌手詮釋，進而創造出另一種感動。後來理解要達成這個目標，得先學音樂，才能「寫歌詞」。所以我便一頭熱的栽入吉他社裡，每天背著吉他去上學，放學就去練琴。慢慢從什麼都不會，到可以用吉他彈自己喜歡的歌。

後來高二當上了吉他社幹部，開始有一些簡單的表演，社團課會去教學弟妹彈琴，才被周遭的朋友說：「有學妹偷偷喜歡你喔！會找你講話。」那是人生第一次知道，原來我算個有點魅力的人。

前陣子在朋友車上聽了一檔 Podcast，主持人不是臺灣人，節目名稱我不記得了，主題是討論魅力。其中有一段聊的很精采，大略是說，從小到大我們都認定只要長得好看、長得漂亮就等於有魅力，但事實上並非如此。這段我倒也認同，尤其是這幾年在 YouTuber 的行業待久了，在某些場合看到許多明明外表光鮮亮麗，但你卻不會認為他們「有魅力」的例子。

所謂「有魅力」的關鍵到底是什麼？節目裡播出的對話這麼說：「真正的

帥或美，在於這些人完全不在乎自己的外表在他人眼中是什麼樣子，他們將注意力放在自己投注熱情的事情上。」並列舉了像梁朝偉或李奧納多在演戲時，完全投入在當下的劇情或動作，儘管看起來有點狼狽，但那份專注就是帥。

你覺得「專注」和「投入專業」是魅力的一種嗎？當良好的外表成為極度專業的附加價值時，的確是頂天的魅力所在，但並不代表長相不夠突出的人，就不會擁有「魅力」。

回想起高中在吉他社的時期，當時真的完全不在乎自己的外表是什麼模樣。滿腦子想的都是盡力把吉他彈好、樂譜背好、歌曲唱好，或許就是這份純粹的專注，讓我看起來有更有魅力些。

一段關係要能長久，雙方必定要能感受到對方的魅力。當另一半專注於工作、展現專業的瞬間，甚至是看書時的側臉，在我眼中，此時的她都是閃閃發光、魅力爆棚的瞬間。不論你是單身，或正身處於一段關係中，不妨想想，有哪些事情能讓自己投入最多的熱情？此外，你最常感受到對方有魅力的樣子，又是什麼時候呢？

把這些時刻記起來，去招蜂引蝶吧！

自我解鎖練習

Q1 / 你認為什麼才是「有魅力的行為」？

Q2 / 寫下 3 個自己最有魅力的時刻？

Q3 / 寫下 3 個你感到異性最有魅力的時刻？

Q4 / 目前在意的對象，讓你感到最有魅力的事情是？

Q5 / 當他做這件事時，你的感受是什麼？

Be true to yourself.

09

可能是遇見真愛的八種跡象

感情中仍有許多無法用理性判斷的感受，這些似曾相識與歸屬感，代表了真愛嗎？

該如何確定眼前這個人，是不是自己的真愛？世界上真的有真愛嗎？每隔一段時間，你我對於真愛的定義都可能會改變，宇宙中是否存在著某種準則，可以讓我們辨認「遇到真愛的跡象」？

在戀愛裡，我自認一向是個冷靜的人，總會試圖用最理性的方法分析最感性的事情，若非如此，可能也不會寫下這本書。多數人也許認為「戀愛就戀愛，哪需要什麼練習？」愛就愛，真的有必要做這麼多分析嗎？後來我想通了。這些思辨、練習、書寫，都是對於深層自我的整理。當你盡力做好功課，剩下的一切就交給宇宙決定，是否能讓我們「碰上幸運」。

儘管這是一本鼓勵你靜下心、理性統整自己內心想法的書，但這一篇要聊的，是一些無法用科學常理判斷的心動跡象，那是某些用理智也無法解釋為什麼的事情。都是真實發生在我身上的經驗，這八種跡象，不一定同時存在於同一個人身上，單一跡象也並非只在一個人身上出現過。純粹作為經驗分享與討論，希望能幫助大家加快腳步辨別「真愛」。

1. 剛見面就覺得這個人很熟悉

明明才遇到沒多久，但講話的頻率、互動、話題，甚至是彼此的相處，好像都不用磨合，比認識多年的朋友還要契合。你一定有過那種剛開始不熟，後面才漸漸成為很好的朋友，而這個人卻是反過來操作，略過前面難熬的階段，直接成為知心好友。

2. 認識時間很短，但體感時間很長

「什麼？我們才認識兩個月嗎？」這點和前一點有點像，但範疇不止於剛開始的快速對頻。身體和意識都以為這個人和你認識了好久、好久，就像有時專心的看了一部精采的電影，訊息爆量以為看了兩個小時，但實際上才經過一小時。相處時的精采程度，讓你完全忽略現實中的時間長短。

3. 沒遇過卻有相似的成長經歷

可能是都生過一樣的病，或家裡面臨過類似的狀況。又或者是在不同的階段中，卻參與了同樣的社團。巧合不只一個，生命的進程和你有某種程度上的相似。感覺是你早該認識的人，卻從沒碰過面。

4. 鏡面效應

看著這個人，認為他可以呈現出某部分的自己。他能讓你重新審視身上早已被忽略的細節，可能是優點下隱藏的缺點，又或是從來沒人提過，但自己也認為不好的壞習慣。看著他，感覺加深了對自己的認識。

5. 給你某種歸屬感

「歸屬感」三個字通常會讓人聯想到原生家庭，或某個關係緊密的群體，例如：公司或閨密團等。眼前這個人並不是一個「團體」，在身為單數的前提下，卻能抵過複數，一人勝過多數人，讓你有種他能全然接納你、接住你的感覺。

6. 相信可以給予對方「無條件的愛」

不害怕他的背叛或不信任，甚至覺得發生背叛也無所謂，你們早已在更深的層次裡，提供彼此無法取代、無法在別處獲得的價值與支持。明白對方也無法在其他地方找到這種感覺，而他的想法也跟你一樣。

7. 感到前所未有的心跳加速

無法解釋的心動與心跳速度，讓你覺得急迫而不能呼吸。有個說法是因為兩個頻率相近的人，因為碰撞在一起，產生太過強烈的震動，讓身體出現了這種症狀。你曾經遇過嗎？

8. 認爲再也找不到一樣好的人

即使外面的世界，出現了另一個、下一個，在普世價值裡「覺得他很優秀的人」，也無法動搖你的心，因為你已看見了他無與倫比的好，那是無人能懂也難以說明的事。既然已經找到最好的，又怎麼需要更換呢？

這八條之中，哪一個跡象讓你最有感覺？

自我解鎖練習

Q1 ／ 「真愛」對你而言是什麼？

Q2 ／ 你認為曾遇過真愛嗎？ **YES / NO**

Q3 ／ 你曾有過文中 1 ～ 8 種現象中的某幾種感受嗎？

1 2 3 4 5 6 7 8

Q4 ／ 是誰讓你感覺到的？

Q5 ／ 若你此刻沒有選擇他，是為什麼？

Be true to yourself.

10

找回思考的空間，讓心靜下來的方法。

當你的快樂與不快樂、難過與不難過都和他人無關時，才能浮現眞正的情緒。

你會固定留一段時間給自己嗎？有些人會斷食，十六個小時內不吃東西，讓胃或身體進行排毒與淨化，是否情緒和思緒，也同樣需要適時的被淨空呢？什麼是情緒的淨空？這裡指的是不受朋友、家人、同事或任何人的情緒影響。當你的快樂與不快樂、難過與不難過都和他人無關時，才能浮現真正的情緒，才是自我情緒不再被壓抑的時候。

試想，平時無論是假日或工作日，我們真的能做到情緒完全不被任何人打擾嗎？除非是離群索居的遠端工作，否則真的有點困難。必須連社群軟體、通訊軟體都不使用的情況下，才有可能情緒不受任何打擾。否則若突然收到朋友傳了一封訊息，寫著：「我失戀了，真的好難過，我真的這麼差嗎？」看到這樣的內容，怎麼可能不受影響？

你一定有過這樣的經驗。在睡前時光，一躺上床，腦海中突然湧入大量的情緒和想法，為什麼？這是因為我們平時的腦袋和心智，總是在處理超載的資訊。想像在工作中的十分鐘空檔，或下班回家後，第一件做的是什麼事？答案不外乎是：回訊息、看社群或追劇。當我們休息時，很難進入真正的放空，通常會選擇以他人的生活、故事或情緒來填滿自己。而自己真正在意的事，卻一直被壓入更深、更深的心智底層。

若你的心智是一杯珍珠奶茶，本該好好的把珍珠吃完，卻又莫名的在珍奶裡，加入一堆布丁、仙草、杏仁凍，把該消化的珍珠與奶茶壓到杯底的杯底去。偏偏我們總是缺乏把吸管壓到最深，先將珍珠吸出來的技巧。所以多數時間，都在消化別人的故事，而無餘裕處理自己的情緒。

當然，在現代資訊超載、人與人生活如此靠近的都市裡，很難進行長時間的「情緒淨空」，但是否有些小訣竅，可以幫助我們至少在三十分鐘或一個小時內做到這些事呢？

很多時候，要解決情感問題真正困難的點，並非是不知道如何解決，而是**根本沒有餘力也沒有心力去解決，缺乏時間與空間讓自己深入思考，思考自己需要什麼、想要什麼，或者該如何處理這件事。**

所以接下來，我將分享這些日子以來，我讓自己找回思考的小祕訣，讓心靜下來的方法。

1. 散步

漫無目的的走走或繞圈散步都好，在空地、河堤、公園尤佳。以前總覺得散步是老人的行為，後來才漸漸發現散步的好。能擁有一個流動的時間與空間，想著你需要思考的問題，或是什麼都不想，坐在椅子上看樹、曬太陽。離開居住環境或工作空間，進行氣氛的轉換，暫時不會有人打斷你或找你講話，這是專屬於你的沉思空間。

2. 獨自進行的非競技運動：健身、跑步、游泳、健行、騎腳踏車等

身體可依循某種固定的指令持續活動著，而你仍有些餘力可以進行其他思考。這其實是將你拉出習慣的生活軌跡的方法，當下或許沒有百分之百的心力可以處理工作，但至少有百分之三十到四十的腦袋空間，讓你想想生活中的其他問題。或是純粹的專注在運動上，也是很好的釋放。

3. 自由書寫

找一張紙或一本空白筆記本，配著舒服的音樂，接著，將想到的內容都寫下來，任何事情都可以。書寫是一種與自我的對話，尤其對於習慣胡思亂想的人來說，格外好用。不用煩惱不知道自己該寫什麼，如果沒想法，就從：「我正在想什麼？」開始，或是任何一項這本書中的題目，**你會感到十分驚訝，原來自己能寫的、能想的，這麼多且這麼廣。**

4. 不帶預設立場閱讀一本書

這是我國中的班導師給予的建議，她總說當你不知道做什麼的時候，就看一本書吧！不管你對世界或心中有什麼疑問，或許會在某一本書裡，找到一個意想不到的答案。很多時候我們懶得翻開書或看書，也許是因為書的目的性太強。這本書講歷史、那本書講旅遊、另一本書講宇宙科學，但現在我想解決的明明是感情問題，也就喪失了翻閱的動力。但宇宙總會在你意想不到的地方，帶來答案。如同有人用投資觀念來解決戀愛問題：「雞蛋不要放在同一個籃子裡。」

5. 冥想

冥想是個聽起來既神奇又有點距離的詞，如果你沒試過，在這邊推薦一本冥想入門書《冥想正念手冊》。冥想的第一步，就是試著什麼都別想，當腦袋中的思緒竄出時，就什麼事都別做，任憑它流過。試想你走在馬路上，有兩個行人經過，你的眼睛會隨著他們而走；但冥想要做的，就是讓這些人，也就是你的思緒自然流動而過。**等這些不可控的念頭像鬆手後的氣球般飄走之後，你便擁有了眞正的空間，好好思考你想探索的事。**

自我解鎖練習

Q1 ／ 你常被別人的情緒所干擾嗎？ **YES / NO**

Q2 ／ 你有屬於自己淨空思緒的方法嗎？多久做一次？

Q3 ／ 此刻你最想思考的問題是什麼？

Q4 ／ 試著在你生活的公園裡，散步 10 分鐘，描述你的感受如何？

Q5 ／ 嘗試自由書寫後，在寫下的事情裡，最令你感到驚喜的是什麼？

Be true to yourself.

11

感受那些渺小又真實的愛戀火花

不需特別努力就能感受到的吸引力或默契，就是戀愛的根本。

我有一位朋友CC，二十幾歲就和她老公結婚了。某一天，我和她聊起那陣子的戀愛困擾（我們平常不太聊這件事），她忽然收起平時朦朧的眼神，對我說：「你知道嗎？我現在跟我老公還是很有火花，雖然我們會吵架，但還是有火花！」

剛開始我不太懂，「火花」指的到底是什麼？是性事上的火花，還是戀愛感的火花？後來我認真留意去看她的限時動態後，我明白了。她所說的「火花」，是無論生活裡再怎麼微小的片段，都能感受、理解、認知到她對她老公的愛慕。

比方她帶老公去買衣服，會在限時動態寫下：「怎麼有人的皮囊能這麼好看。」、「真的是隨便穿都很帥。」諸如此類，旁人聽起來覺得既肉麻又浮誇的話。又或者是聽著老公在彈吉他，她會突然被某一段旋律打中，說：「怎麼會這麼好聽、這麼有才華？」我知道她是打從心裡這麼認為，沒有一絲一毫的偽裝。

我們常說關係需要經營、修復、覺察，且該不時地安排浪漫約會、精心挑選禮物為自己的戀情努力。但有些時候，感情真的是依靠無法言喻的悸動而維持下來，若所謂的「火花」沒有發生，那麼這份愛還真有點努力不來。

你曾有過這些經驗嗎：

- 什麼都不做，看著他的臉就覺得好幸福。
- 對方無意間忽然說的一句話，卻讓你覺得你們好有默契。
- 沒有特別噴香水，但你嗅到他身上的味道好香。
- 牽著對方的手，就覺得好幸福、好踏實。
- 有時抽離感情看著這個人，會覺得他在身邊真好。
- 即使是一個側身或背影，沒什麼特別，但你卻覺得好好看。
- 沒有為什麼，就是覺得抱起來怎麼這麼舒服。
- 莫名覺得對方的講話聲音，或念某幾個字特別好聽。

這種無來由、沒原因的愛戀火花，不需特別努力就能感受到的吸引力或默契，就是戀愛的根本。翻個身，他就知道你睡不太著，在被子裡握住你的手；知道明天你要早起，所以今天在回家的路上多買一個貝果放桌上。**這些毫不費力的生活細節，是渺小又真實的存在。不需要用力求來，兩人只**

要待在一起就能自然而然的發生，這是世界上最美妙的事情。

有些時候，我們談未來、談性格、談婚姻，會把課題設定的太遠。在此，我想調整焦距，回到最貼近生活的日常。生活中，有哪些細節和瞬間，最能讓你感受到愛與幸福？或者曾經如此喜歡，但因為在一起的時間久了，卻不小心忽略的？今天，讓我們重新感受這些美妙的時刻。

自我解鎖練習

Q1 / 回想一件生活中讓你感到窩心的小事。

Q2 / 回想上次突然怦然心動的瞬間。

Q3 / 那個他，有沒有哪個小動作特別吸引你？

Q4 / 那個他，講哪句話的時候讓你感到魅力爆棚？

Q5 / 請對方和你分享一個，你讓他感到心動的瞬間。

Be true to yourself.

12

兩個人怎樣才算成功的組隊？

我願意成為你最好的夥伴，面對人生路上的一切起伏，就是最好的組隊。

「如果另一半有更好的發展機會，但要出國工作很久，你會讓他去嗎？」

這是戀愛中相當難解的問題。在某次拍攝影片的過程中，我被問到這個問題。以前會想很多種解答和逼問自己的方式，像是「看我愛不愛他，信不信任他，或者看他多久回來？」等，著重在實際層面的提問。但那天，我思考的方向不太一樣，我說：「如果他能離自己的理想更近一步，我就會支持他。」

這個回答背後思考的是：「看他的人生目標，是否會讓我開心。」若說理念太抽象，不如說是「人生目標」。在進入一段關係前，你會問對方的人生目標或夢想是什麼嗎？我會。對現在的我而言，這是很重要的事。

我的人生目標是什麼？當然是希望透過創作，不論是影片、文字或任何的形式，我想成為大家探索自我的契機，用創作陪伴更多人找到自己的光、自己的價值、自己的答案。再把這些人聚集起來，匯集成一股力量，將這份溫柔的光擴散出去。

兩個人在一起很重要，也許還有超越了「我和你」層面的事，當我們一起走了好久好久，即使有一天，你沒有了我、我沒有了你，你還是願意去完成？而當你成就了自己的目標，我會真心替你感到高興、為你淚流，因為你讓這個世界一步步通往你所希望的方向。

愛一個人，不僅是愛身爲「伴侶的他」，甚至能愛身爲「一個人的他」。若他不是我的另一半，我就不欣賞他了？就沒有魅力了？那還能算是長久的愛嗎？

舉個極端的例子，如果你的另一半是無國界醫生、外交官或軍人，可能無法一直待在你身邊，努力在實踐他的理念與夢想。當這樣的人的伴侶很辛苦，但你願意支持他嗎？如果他能實現自己的人生目標，我會義無反顧支持他。**當他實現那個最好的自己，會讓我更愛他。那份愛不只是伴侶的愛，還有對於他生而爲人的愛**。而我也相信，對方一樣是能支持我往人生目標前進的人。

人生目標也許不是生命的終點，在愛的路上還有許多我沒參悟的事，但就像旅途終究會有最終目的地，若兩人都知道彼此最終要往哪裡去，我願意成為你最好的夥伴，面對路上的一切起伏，不就是最好的組隊嗎？

談及這個觀念，有些朋友會問：「那我的人生沒有目標或夢想，不行嗎？」當然可以，只要你的腳步踩得夠堅定，全心全意支持自己最愛的人，也是一種人生目標。

若有終點，我們就不會因路程顛簸，心情起伏。
若有理想，我們就不會因海浪波瀾，載浮載沉。

我愛你，你愛我之後，還有什麼更強大的動力，能讓彼此朝更遠走去？就是理想吧！

自我解鎖練習

Q1／ 你現在最想實踐的理想是什麼？

Q2／ 對方最想實踐的理想是什麼？

Q3／ 你願意和他一起完成這件事嗎？

1 2 3 4 5 6 7 8 9 10

Q4／ 對方願意陪你完成你的理想嗎？

1 2 3 4 5 6 7 8 9 10

Q5／ 想像完成理想之後，你們會更愛彼此嗎？

Be true to yourself.

尾聲——

寫一封信給我的伴侶

在最後，邀請你靜下心來，回顧閱讀整本書中的思考。想和你的伴侶說些什麼？想和你現在或未來的伴侶說些什麼？甚至是想和過去的伴侶說些什麼？無論是書寫你對他的愛或過往的愧疚，還是一封告別信，都沒有關係。也或許，你想要寫一封信給未來的他。無論你決定如何使用這個空間，都是自由的。

如果你不知道如何下筆，以下是幾個小提醒，也許你能分段撰寫：

1. 你在遇到對方前，自己是什麼樣的狀態或正面臨著什麼挑戰呢？
2. 對方讓你感到特別的地方、心動的特質是什麼？
3. 書寫一段你們之間共同擁有的難忘回憶。
4. 自從對方出現後，你的身上和心理所產生的轉變，有哪些地方不一樣？
5. 寫下你對於彼此未來的期待。
6. 最後，寫下一段你想告訴對方的話。

To Her　by 米鹿

我給過很多很多的愛，
我也想過別再惹塵埃。
卻遇見你，朝我走來，
給了我，期待。

有沒有能治好我的愛，
有沒有人能懂我的愛。
如果是你，我願意再，
試一次，不怕，結局再壞。

你是公園裡的溫柔風聲，
吹撫我疲倦的靈魂。
我像隻蟬，還沒脫殼，就想朝你狂奔。
你是我不願睡醒的美夢，
你是守護我每個夜的燈。

以後再沒有別人。
你是所有我要的可能。

如果你不知道如何開始，可以這麼做：

1. 寫下他的樣貌。
2. 寫下他的個性。
3. 寫下一個你們最開心的瞬間。
4. 寫下他如何看到你的內心。
5. 寫下你想和他說的話。

寫一封信給我的伴侶

寫一封信給自己

最後的最後，我們留下這裡的篇幅獻給自己。在這本書的旅程中，有些時候我們把目光放在別人身上，但此刻，邀請你把注意力重新放回自己身上。你有多久沒和自己好好說話了呢？在練習愛與被愛，與找尋自己的過程中，你已經做得很好了。試著把自己當成一個需要呵護、需要擁抱的對象，和自己說說話？這是留給你與自己的空間。希望你能花些時間鼓勵他、理解他、擁抱他。

寫下一封信給自己，作為送給自己的禮物。
也謝謝你陪我一起，走到了這裡。

Dear 米鹿

嗨，鼓起勇氣寫了這封信給你。知道你做了好多好多事情，用各種方式努力實踐你想要的樣子與生活。

很久以前就認識你了，那時候你會在下課的走廊上，帶著耳機，拿著周杰倫的歌詞本聽著〈半島鐵盒〉。有時候也不知道，你是怎麼長成現在這個樣子的。

在你身邊有很多愛你的人，朋友、家人、還有支持你的讀者和觀眾，大家用一種無法言喻的奇妙方式連結在一起。不需要太直白的溝通，就能理解彼此的心情、心意和感受。總覺得只要再經過幾年，你們就會成為一股更強大的力量！

知道你有著多元化的興趣，看書、看電影、聽音樂、彈吉他、研究人類圖和很多奇奇怪怪又神神祕祕的東西，和你聊天是非常棒的享受，也是我遇過最好的傾聽者與分享者。

你是個既溫柔又細心的人，有時候真的想告訴你，也許該多花一點注意力在自己身上，你太想為身邊的人們多做些什麼，而忽略了自己的疲倦和心情。知道你有很多想做的事，但答應我，先照顧好自己才是最重要的。真正的朋友和在乎你的人，會無條件信任你、懂你。

別害怕說出內心真實的想法，無論是誰，來到你面前的人都是信任你的人，語言是一種篩選機制和門檻，聽得懂的人會知道你想法的珍貴，聽不懂的人就讓他們離開。但若你不說，就失去了被另一個人理解的機會。你沒辦法選擇什麼樣的人會來到你面前，但你可以用最誠懇的言語，盡力表達，讓他們自己決定是否該留下。

不知道還能陪你多久，但我總期待每過一段時間，就能看到你的成長與轉變。我們說好要去很多地方，要去歐洲酒莊、北邊的極光，還要去紐約美術館看梵谷的星空。世界還很大，有好多事情等著你去探索，我們一起做個溫柔又幸福的人，一起練習，一起成為自己的光，我會一直陪著你，和你一起長大，我們要一起選擇快樂，要一起快快樂樂的。

如果你不知道如何開始，可以這麼做：

1. 寫下小時候的記憶片段。
2. 寫下你目前正在努力的事情。

3. 寫下你認為自己身上有的優點與缺點。
4. 寫下你想給自己的提醒。
5. 寫下你想做，卻還未完成的事。
6. 寫下你想給自己的一段話。

只有你能允許自己快樂

作　　者　米鹿 DeerDeer

責任編輯　楊玲宜 ErinYang
責任行銷　鄧雅云 Elsa Deng
封面裝幀　Dinner Illustration
版面構成　黃靖芳 Jing Huang
校　　對　鄭世佳 Josephine Cheng

發 行 人　林隆奮 Frank Lin
社　　長　蘇國林 Green Su

總 編 輯　葉怡慧 Carol Yeh
主　　編　鄭世佳 Josephine Cheng
行銷主任　朱韻淑 Vina Ju
業務處長　吳宗庭 Tim Wu
業務主任　蘇倍生 Benson Su
業務專員　鍾依娟 Irina Chung
業務秘書　陳曉琪 Angel Chen
　　　　　莊皓雯 Gia Chuang

發行公司　悅知文化　精誠資訊股份有限公司
地　　址　105臺北市松山區復興北路99號12樓
專　　線　(02) 2719-8811
傳　　真　(02) 2719-7980
網　　址　http：//www.delightpress.com.tw
客服信箱　cs@delightpress.com.tw
I S B N　978-626-7406-44-1
建議售價　新台幣３９９元
首版一刷　２０２４年３月

國家圖書館出版品預行編目資料

只有你能允許自己快樂/米鹿DeerDeer著. -- 初版. -- 臺北市：悅知文化精誠資訊股份有限公司, 2024.03
面；　公分
ISBN 978-626-7406-44-1(平裝)

1.CST：戀愛心理學　2.CST：自我肯定
3.CST：自我實現

544.37014　　113002199

建議分類｜心理勵志、兩性勵志